L'ADO EN MODE DÉCISION

SEPT PROFILS POUR COMPRENDRE ET AIDER SON CHOIX DE CARRIÈRE

Louis Cournoyer, Ph.D., c.o.
Lise Lachance, Ph.D., psy

Septembre
ÉDITEUR

Catalogage avant publication de Bibliothèque et Archives nationales du Québec et Bibliothèque et Archives Canada

Cournoyer, Louis, 1971-, auteur

L'ado en mode décision : Sept profils pour comprendre et aider son choix de carrière / Louis Cournoyer et Lise Lachance.

Comprend des références bibliographiques et un index.
Publié en formats imprimé(s) et électronique(s).

ISBN 978-2-89471-501-7 (couverture souple)
ISBN 978-2-89471-803-2 (PDF)

1. Orientation professionnelle – Québec (Province). 2. Adolescents – Travail – Québec (Province). I. Lachance, Lise, 1966-, auteur. II. Titre.

HF5382.5.C3C68 2018 331.702083509714 C2017-942834-9
C2017-942835-7

Auteurs
Louis Cournoyer, Ph.D., c.o.
Lise Lachance, Ph.D., psy

Coordination du projet
Lucie Demers, c.o.

Conception visuelle et infographie
Marquis Interscript

Illustrations
Patrick Bizier

Photos
Louis Cournoyer
iStock

Révision linguistique
Nathalie Boivin

Septembre éditeur
Carl-Frédéric De Celles, président
Annik De Celles, directrice générale
Lucie Demers, c.o. et directrice éditoriale

Septembre éditeur reconnait l'aide financière du gouvernement du Canada.

Canada

Septembre éditeur bénéficie également du soutien de la société de développement des entreprises culturelles du Québec (SODEC) pour son programme d'édition et ses activités de promotion.

SODEC
Québec

Dans ce livre, le genre masculin est utilisé sans aucune discrimination.

Ce livre est conforme à l'orthographe rectifiée.

Dépôt légal – Bibliothèque et Archives nationales du Québec, 2018
Dépôt légal – Bibliothèque et Archives Canada, 2018
Dépôt légal – 1er trimestre 2018
ISBN 978-2-89471-501-7 (imprimé)
ISBN 978-2-89471-803-2 (pdf)

Imprimé et relié au Québec

Septembre
ÉDITEUR

Téléphone : 418 658-7272
Sans frais : 1 800 361-7755
www.septembre.com

REMERCIEMENTS

Ce livre s'appuie sur les résultats d'un projet de recherche d'envergure intitulé « Perspective cognitive, comportementale et sociorelationnelle du processus de prise de décision relative à la carrière chez les élèves de la cinquième secondaire ». À cet égard, nous souhaitons d'abord remercier le *Fonds de recherche du Québec – Société et culture* (FRQSC) pour le financement de ce projet dans le cadre du *Programme d'établissement de nouveaux chercheurs* obtenu par le professeur-chercheur Louis Cournoyer de l'Université du Québec à Montréal.

Nous souhaitons souligner l'apport inestimable des 17 conseillers d'orientation qui ont collaboré au projet de recherche sur lequel s'appuie le contenu de ce livre. Malheureusement, pour des raisons d'éthique à la recherche, nous ne pouvons pas les nommer, mais ils se reconnaitront. Ils sont libres de partager publiquement leur rôle dans ce projet, que ce soit pour l'accès aux écoles et aux classes où les questionnaires et les entretiens ont été menés, le suivi logistique lié aux activités d'enquête au sein de leur milieu ou pour les commentaires très pertinents formulés en regard des résultats préliminaires fournis.

Plusieurs étudiants de premier cycle en développement de carrière ou de deuxième cycle en carriérologie de l'Université du Québec à Montréal nous ont également accompagnés partout à travers le Québec pour réaliser des entretiens de recherche, ainsi que pour coordonner le travail de traitement et d'analyse des données recueillies. Dans un premier temps, nous souhaitons remercier Pier-Luc Beauregard pour sa contribution à la coordination du projet de recherche, ainsi que Samuèle Dostie pour son soutien engagé à l'égard du traitement et de l'analyse des données. S'ajoutent également à cette liste Vincent Bernard, Jessica Côté, Martin Dubuc, Valérie Gosselin et Hoang Anh Nguyen.

Au moment d'organiser la structure du livre et la présentation des profils de prise de décision, deux conseillères d'orientation, mesdames Emmanuelle Desrosiers et Amélie Gendron, toutes deux associées aux activités de formation en développement de carrière à l'Université du Québec à Montréal, ont formulé des commentaires et des pistes d'ajustement et de révision qui ont été très aidants. Nous les remercions chaleureusement.

Il en va de même pour Lucie Demers, c.o. et directrice éditoriale chez Septembre éditeur, qui a su nous permettre d'ajuster notre langage de chercheurs spécialisés à celui d'auteurs pour le grand public sans compromettre notre posture scientifique. Merci également à Annik De Celles, de Septembre éditeur, pour sa participation aux travaux de réflexion sur le contenu et la forme de cet ouvrage.

En terminant, nous souhaitons exprimer notre reconnaissance aux principaux acteurs de ce livre, soit les 2 155 élèves de cinquième secondaire issus de 17 établissements répartis à travers le Québec. C'est grâce à vous que nous avons été en mesure de produire ce livre et que nous pourrons, nous l'espérons, avoir une influence sur la vie des jeunes, ainsi que leurs parents et les professionnels de l'orientation qui interviennent dans leur processus de prise de décision de carrière.

TABLE DES MATIÈRES

INTRODUCTION

Tous les jours, nous prenons des décisions. Quels vêtements allons-nous porter aujourd'hui ? Qu'allons-nous manger pour le déjeuner, le diner ou le souper ? Comment allons-nous organiser notre journée ?

Certaines décisions sont toutefois plus difficiles et plus complexes à prendre que d'autres, comme acheter une voiture ou une maison ou s'engager avec la personne que l'on croit être l'amour d'une vie ! Parfois, quelques mois, quelques années plus tard, lorsque les beaux jours ont laissé place à ceux de plus grandes pluies, on peut décider de rompre la relation avec cette personne avec qui on ne veut vraiment pas passer plus de temps de notre vie ! Décider de prendre une année sabbatique pour voyager, apprendre, se découvrir... Décider de quitter ses études, son emploi, changer de vie...

Et finalement... décider d'entreprendre une réflexion dans le but de **prendre une bonne décision de carrière !**

LÉONARD, LE GRAND DÉCIDEUR DE... 4 ANS... ET DEMI!

Lorsque l'on demande à un enfant de quatre ans et demi (et à cet âge, la demie, ça compte sur l'identité), s'il veut du jus d'orange ou du lait (tous les parents savent qu'à cet âge, il faut toujours proposer deux options à la fois, pas plus!), il peut nous répondre d'un ton convaincu et affirmatif, bref «décidé»: «Je veux du lait, papa! Je veux le train, papa!» Et une fois que l'on amène le lait: «Pas cela, papa, je veux du jus d'orange!» Suivi de «Est-ce qu'on joue aux petites voitures à la place?» Comment a-t-il procédé pour effectuer un tel revirement? Comment s'assurer que sa décision est finale et éclairée? Au fond, ce n'est pas grave. Les choix de Léonard n'ont tout simplement **pas d'implications et de conséquences notables sur la suite de son parcours!**

WILLIAM, 16 ANS, SEUL DEVANT LA DÉCISION

Il en va tout à fait autrement pour William. Ce jeune homme de 16 ans est un élève en fin d'études secondaires à la recherche d'une voie, d'un projet, d'une carrière qui pourrait le rendre... heureux! Depuis déjà trois ans qu'il y pense. Bien sûr, il a eu maintes fois des idées, puis d'autres et d'autres, mais le doute persiste. Pourtant, il essaie, il cherche. Il va sur les sites Internet, puis regarde les documents d'information disponibles à l'école. Par contre, il n'aime pas parler de cela à ses parents. Ces derniers aimeraient bien l'aider, mais ils ne savent pas comment approcher leur enfant pour discuter de cela. En fait, William craint de se faire influencer alors qu'il se sent déjà passablement fragile et même un peu honteux à l'idée d'être toujours perdu par rapport à son avenir. Chaque fois qu'il pense avoir trouvé la profession idéale, il réalise que les études requises, les cours, les tâches, les conditions de travail ou les perspectives d'emploi ne concordent pas avec ce qu'il veut, ce qu'il croit être. Il se demande si c'est lui le problème ou s'il ne devrait tout simplement pas s'en remettre au destin et à la chance. Il se dit qu'au fond, tout peut arriver... Lorsque le conseiller d'orientation de l'école lui a demandé de se décrire en quelques mots, il n'y arrivait tout simplement pas.

Nombreux sont les parents et les professionnels de l'orientation qui peuvent reconnaitre leurs jeunes à travers l'expérience de William. Et au-delà de ce profil, il y en a plusieurs autres qui comportent tous leurs enjeux particuliers quant à la manière de penser, de ressentir et d'agir en regard de leur avenir professionnel. En fait, chacune de ces façons d'être et de faire invite à la mise en place de modalités particulières d'accompagnement. En prenant la décision d'acheter ce livre, vous prenez également celle de vouloir en apprendre un peu plus sur la manière dont vous pourriez mieux accompagner l'adolescent dans sa prise de décision de carrière.

En tant que parent... vous souhaitez avant tout le bonheur de votre enfant. Vous désirez qu'il puisse faire sa place dans sa vie adulte dans une carrière qui l'intéresse, dans laquelle il pourra exprimer ses forces et ses talents, tout en espérant que cela puisse aussi être garant de bonnes perspectives d'emploi et conditions de travail. Toutefois, vous ne savez pas toujours comment l'approcher pour les questions relatives à son avenir. Est-ce que vous en faites trop ? Est-ce que vous n'en faites pas assez ? Que faire lorsque votre enfant dit ne pas vouloir d'aide directe de votre part ? Effectivement, pour être soutenant, encore faut-il qu'il veuille de votre soutien ! Et au-delà de la proposition de trucs, de conseils, d'informations ou d'activités, le soutien passe avant tout par la capacité d'établir et de maintenir une relation de confiance ajustée aux besoins et au fonctionnement de l'autre.

En tant que professionnel de l'orientation... vous avez déjà vos façons de faire, votre expertise. Toutefois, comme tout bon professionnel, vous êtes toujours à l'affût de nouvelles façons de penser et d'intervenir auprès de vos clients. Entre autres, vous avez constaté que la manière dont se prend une décision de carrière à l'adolescence dépend de plusieurs facteurs et contextes. Il importe donc de pouvoir varier la manière d'évaluer et d'intervenir selon ce qui caractérise le profil de la personne.

Ce livre a pour but d'offrir aux parents et aux professionnels de l'orientation une compréhension plus étendue des différentes façons de vivre et de réaliser un processus de prise de décision de carrière chez les jeunes, en regard de caractéristiques, de modalités de fonctionnement et de besoins d'aide spécifiques. Au lieu de proposer une façon de comprendre et d'intervenir pour tous les jeunes, il reconnait plutôt l'importance de bien discerner le profil particulier de prise de décision des jeunes, afin d'intervenir de manière ajustée et efficace. Enfin, une pluralité d'interventions destinées spécifiquement aux parents et aux professionnels de l'orientation sont proposées afin de soutenir l'aide à la prise de décision de carrière des jeunes. À noter que les parents n'ont pas à être formés en relation d'aide pour faire un usage utile de ce livre. À l'inverse, les professionnels de l'orientation peuvent recourir directement aux contenus d'information et d'intervention proposés, et bien sûr, s'en inspirer pour les intégrer à leurs approches et compétences spécifiques.

Ce livre explique comment les jeunes procèdent pour prendre une décision de carrière selon des caractéristiques, des façons de penser, de ressentir et de se comporter, ainsi qu'en regard de besoins spécifiques selon leur profil particulier.

- Les profils présentés sont tirés d'une recherche scientifique d'envergure conduite auprès de jeunes en fin d'adolescence en situation de prise de décision de carrière.
- Les profils sont le produit d'analyses statistiques rigoureuses visant à représenter, de la manière la plus fidèle et valide possible, les différentes façons par lesquelles les jeunes procèdent à une prise de décision de carrière à cette étape de leur vie.
- Les propos rapportés par les jeunes s'appuient sur des extraits réels d'entretiens de recherche.
- De nombreuses interventions originales sont proposées aux parents et aux professionnels en regard de leurs connaissances et de leurs compétences spécifiques.
- Les interventions proposées reconnaissent l'importance d'établir et de maintenir une relation de confiance avec les jeunes avant de prétendre pouvoir les accompagner dans des activités de réflexion ou d'action spécifiques.
- Des questions de repérage sont énoncées afin d'aider les parents et les professionnels de l'orientation à associer un jeune donné au profil de prise de décision de carrière qui lui correspond le mieux.

Le **chapitre 1** s'intitule « Prendre une décision de carrière à la fin de l'adolescence ». Il propose aux lecteurs un survol des éléments, des enjeux et des contextes à prendre en considération pour mieux comprendre la manière dont peut se vivre l'expérience de prise de décision de carrière à l'adolescence. Il est, entre autres, question de la période d'adolescence, des transformations et des transitions nombreuses qui sont vécues, notamment sur le plan des décisions d'études et de carrière. La notion de décision de carrière est à ce propos décrite de façon détaillée afin d'aider le lecteur à pouvoir mieux évaluer l'état de prise de décision de carrière de son enfant si l'on est parent ou de son client élève si l'on est professionnel de l'orientation. Il est également question de l'indécision de carrière, non pas en tant que problème, mais plutôt en tant que phase normale à traverser dans un processus de prise de décision de carrière. Les auteurs abordent ensuite la présentation d'un cadre conceptuel du processus de prise de décision de carrière selon une approche psychosociale faisant intervenir les notions de parcours de vie, de projet personnel, de forces de contexte et de stratégies d'ajustement. Bien sûr, la recherche scientifique à la base des profils de prise de décision de carrière présentés au chapitre suivant est décrite de manière à aider le lecteur à saisir les démarches ayant conduit à l'élaboration de ces profils. Enfin, ce premier chapitre se termine par une argumentation sur le rôle distinct, mais complémentaire des parents et des professionnels en matière d'accompagnement des jeunes dans leur processus de prise de décision de carrière à cette étape de leur vie.

Les **chapitres 2 à 8** constituent le cœur et la plus-value de ce livre, c'est-à-dire la présentation et la description détaillée des sept profils de prise de décision de carrière. À tour de rôle, chacun des profils est présenté en fonction des réponses spécifiques apportées.

Qu'est-ce qui les caractérise ?	Présentation des dimensions décisionnelles sur lesquelles les jeunes de ce profil se démarquent en regard de l'ensemble des participants à l'étude.
Comment fonctionnent-ils ?	À partir d'extraits d'entretien de recherche, présentation des pensées, des émotions et des comportements qui participent à leur processus particulier de prise de décision de carrière.
Quels sont leurs besoins ?	En regard de ce qui les caractérise et de la façon dont ils fonctionnent.
Comment les aider ?	Proposition d'interventions ajustées aux compétences des parents et des professionnels de l'orientation sur le plan de l'établissement et du maintien d'une relation de confiance avec les jeunes, ainsi que des stratégies variées et originales de mobilisation cognitives et comportementales.

Le **chapitre 9** offre aux parents et aux professionnels de l'orientation des questions types leur permettant de repérer le profil correspondant le mieux à chacun des jeunes. Ces questions émergent de thèmes récurrents observés à travers chacun des profils de prise de décision de carrière, c'est-à-dire qui peuvent servir de critères pour associer un jeune à un type plutôt qu'à un autre.

Enfin, le **chapitre 10** propose un état de connaissance théorique et pratique sur d'autres variables importantes en matière de prise de décision n'ayant pas été traité jusque-là : motivation au travail et satisfaction des besoins ; confiance et sentiment d'efficacité personnelle, changement et résistance, transitions et essais identitaires.

CHAPITRE 1

PRENDRE UNE DÉCISION DE CARRIÈRE À LA FIN DE L'ADOLESCENCE

La période correspondant à la fin de l'adolescence et à l'entrée dans l'âge adulte est marquée par une grande effervescence en matière de transformations et de transitions personnelles, scolaires et sociales. Il s'agit d'une période où de nombreux choix sur les plans scolaire et professionnel doivent être réalisés dans des délais passablement serrés, ainsi qu'une étape de vie où les relations sociales sont à la fois nombreuses, changeantes et très diversifiées[1 2]. Que ce soit par rapport aux parents, aux amis, sinon aux membres du personnel de l'école ou d'autres adultes significatifs, ces transformations viennent modifier le rapport de soi aux autres, et par conséquent, de soi à soi[3 4 5]. Par exemple, il devient possible pour bon nombre d'adolescents d'entretenir des rapports avec des adultes autres que leurs parents afin de s'enquérir d'informations et de conseils et de recevoir des rétroactions et des encouragements en réponse aux questionnements de vie personnelle, scolaire et professionnelle. Les nouvelles amitiés, les nouvelles amours mènent également au développement de réseaux de relations sociales ainsi qu'à un élargissement des perspectives et vues sur soi, les études, le monde, ce qui est susceptible d'influencer le regard que le jeune pose sur lui-même.

1. Bidart et Lavenu (2005).
2. Bourdon, Charbonneau, Cournoyer et Lapostolle (2011).
3. Coslin (2012).
4. Giordano (2003).
5. Shanahan et Elder (2002).

Au Québec comme en France, plusieurs études[6] [7] [8] [9] réalisées au cours des trois dernières décennies font état d'une problématique importante chez les jeunes sur le plan de l'indécision de carrière. Des taux de 50 %, 75 %, voire 85 % d'indécision de carrière sont rapportés chez ceux poursuivant leurs études après le secondaire (Québec) ou le lycée (France)[10] [11]. Prendre une « bonne » décision de carrière, en regard des repères plus ou moins définis à cet égard, à cette période de vie, devient en quelque sorte le pont vers une entrée (réussie !) dans la vie adulte.

Il s'agit donc d'une période intense sur le plan de la construction identitaire, de la recherche d'une plus grande cohérence interne et de celle de valeurs plus unifiées[12]. La fragilité des aspirations scolaires et professionnelles témoigne toutefois de l'incertitude, des doutes, du stress et de l'anxiété qui accompagnent cette difficile projection de soi dans un avenir adulte[13] [14] [15]. La capacité à mener un processus de décision de carrière est passablement influencée par la force et la stabilité identitaire à cette période de vie[16]. Nombre d'opérateurs relationnels, procédés de mise en relation d'éléments de connaissances, tels que l'identité (ce qui est identique), la négation (l'inverse), la réciprocité (ce qui se partage), la corrélation (ce qui lie deux ou plusieurs éléments) relèvent de cette capacité à traiter l'information sur soi en interaction avec son environnement[17]. De manière autonome et en fonction d'un soutien plus ou moins présent ou recherché des membres de son réseau de relations sociales, différentes réflexions et démarches peuvent être entreprises par le jeune à ce moment de manière à réduire l'écart entre incertitude et certitude, indécision et décision, doute et confiance, souffrance et bienêtre.

1.1. HISTOIRE DE BIEN COMPRENDRE...

Décider consiste à choisir, mais aussi à renoncer. Les attraits du choix, le sens conféré à cette action de changement, doivent être clairement plus forts que ceux des doutes et des peurs du renoncement.

- Suis-je prêt à accepter et à assumer les risques de cette décision ?
- Et si jamais je me trompe, qu'adviendra-t-il de moi ?

6. Conseil permanent de la jeunesse (1992).
7. Conseil supérieur de l'éducation (2002).
8. Fédération des cégeps (1999).
9. Lannegrand-Willems (2008).
10. Université du Québec à Montréal (s.d.).
11. Lacoste, Esparbès-Pistre et Tap (2005).
12. Cohen-Scali et Guichard (2008).
13. Berthoz (2013).
14. Gati et Amir (2010).
15. Saka, Gati et Kelly (2008).
16. Modecki, Zimmer-Gembeck et Guerra (2017).
17. Coslin (2002).

- Est-ce que je suis certain de ne pas vivre d'échec ou de retard dans mon parcours scolaire, de ne pas me sentir isolé et rejeté par rapport à d'autres qui auront su faire le bon choix ?

Même lorsque la situation actuelle est insatisfaisante, voire souffrante, nombre de personnes vont préférer choisir un malheur connu plutôt qu'un bonheur incertain. En matière de décision de carrière, certaines logiques l'emportent, mais elles ne sont pas toujours rationnelles. Les situations de prise de décision peuvent parfois s'avérer passablement stressantes, voire anxiogènes, notamment lorsqu'il est question d'études et de carrière. Décider implique un risque qu'il importe de bien évaluer.

Conséquemment, prendre une décision de carrière est une action humaine, et non pas (du moins, pas encore...) celle d'un robot. Les perceptions, les émotions, les croyances, les valeurs, les normes et la kyrielle de dimensions du fonctionnement psychologique de la personne participent à la manière dont elle se représente en soi, ainsi qu'elle se représente en interaction avec le monde, son monde. Tout ce qui affecte les représentations qu'elle a d'elle-même et du monde autour d'elle (estime, confiance et image de soi ; ambitions et motivations ; croyances et valeurs introjectées des parents, des pairs ou du monde, etc.) peut influencer de manière plus ou moins importante la façon dont la personne se projette en interaction dans le monde du travail et la vie adulte. Parallèlement, le monde des études et du travail n'est pas statique. Il évolue, se transforme, amène de nouvelles possibilités, et parfois en retire d'autres. Prendre une décision de carrière n'est pas une opération mathématique et logique, mais bien une expérience humaine qui dépend du pouvoir d'agir que l'on se reconnait posséder ou pas.

Les approches théoriques du développement de carrière ont été conçues afin d'expliquer comment les individus procèdent pour prendre une décision de carrière. Bien sûr, les connaissances ont passablement évolué au cours des 100 dernières années. En effet, ce qui était initialement logique ne l'était plus au fur et à mesure que des changements sociaux, culturels, politiques, économiques ou technologiques sont venus transformer le monde dans lequel nous vivons, puis conséquemment des études, du travail et de la carrière[18].

Est-ce nécessaire de faire ce retour historique ? Oui ! Cela vous aidera à aller au-delà de représentations limitées de la prise de décision de carrière et à tenir compte des différentes dimensions intervenant dans le processus décisionnel des jeunes.

---

18. Cournoyer (2014).

Les premières conceptions de la prise de décision de carrière, datant de plus de 100 ans et perdurant aujourd'hui, bien qu'elles se soient raffinées, se basent principalement sur l'idée d'assurer un « bon pairage » entre les caractéristiques de la personne et celles des professions qui lui sont accessibles. Les outils psychométriques mesurant d'abord l'intelligence et les aptitudes, puis plus tard dans l'histoire, les intérêts, les habiletés et la personnalité, ont joué un rôle prépondérant pour déterminer qui l'on est et ce que l'on devrait faire. C'est d'ailleurs dans la foulée de ces approches que John Holland[19], figure des plus importantes en orientation professionnelle, a proposé son modèle hexagonal de typologie de personnalité professionnelle. Certains d'entre vous ont sûrement déjà entendu parler des fameuses lettres R-I-A-S-E-C correspondant dans l'ordre aux types Réaliste, Investigateur, Artistique, Social, Entreprenant et Conventionnel. Plus le profil de personnalité de la personne rejoint celui de l'environnement de travail considéré, plus les chances de satisfaction de vie professionnelle sont grandes.

Il demeure pertinent de mettre en relation des caractéristiques personnelles que la personne souhaite retrouver dans un emploi (intérêts, valeurs, aptitudes, etc.) avec celles des options de carrière disponibles afin de faire des choix congruents et potentiellement plus satisfaisants.

Découlant des courants humanistes, ainsi que de celui cognitif-comportemental du milieu du 20e siècle, les approches développementales en orientation ont ensuite émergé. Celles-ci ont plus particulièrement cherché à identifier les stades, les étapes et les tâches vocationnelles dont un individu devrait s'acquitter, plus particulièrement selon son âge, pour prendre une décision de carrière éclairée ou suffisamment mature. Les travaux de Donald E. Super[20] visant à théoriser et à modéliser le processus de développement de carrière en regard de l'ensemble des rôles exercés de l'enfance à la fin de la vie adulte ont grandement contribué à mieux comprendre les tâches vocationnelles requises pour traverser différentes étapes de carrière. C'est dans cette perspective que s'est développé au Québec, puis répandu en France et dans le reste de la francophonie, le modèle d'Activation du développement vocationnel et personnel (ADVP)[21], lequel a servi de modèle théorique pour les cours d'éducation au choix de carrière de générations de jeunes depuis les années 1980. Accompagner un jeune, selon une approche développementale et encore de nos jours, consiste à prendre en compte qu'il doit passer à travers un certain nombre d'étapes, de tâches et

19. Holland (1959).
20. Super (1980).
21. Pelletier, Noiseux et Bujold (1974).

d'opérations cognitives (explorer, catégoriser, hiérarchiser, différencier, etc.) pour progresser – à partir de là où il se situe – vers une prise de décision de carrière.

La décision de carrière doit être vue comme un processus par lequel une personne s'engage dans différentes tâches (réflexions, démarches) en fonction de son stade de développement personnel et professionnel.

Au cours des dernières décennies, sont apparues les approches socio-cognitives du développement de carrière. Celles-ci ont pour but d'identifier les dimensions, les facteurs et les variables qui semblent partie prenante du processus de prise de décision des individus, ainsi que de comprendre leur interaction (quelle variable influence quelle autre, dans quel ordre, de quelle manière ?). L'idée, en quelque sorte, est d'accompagner les jeunes dans leur prise de décision de carrière à partir de connaissances théoriques et empiriques permettant aux parents et aux professionnels de l'orientation de mieux savoir sur quoi agir plus particulièrement et selon un plan donné.

Il importe de bien connaitre et comprendre de quelle manière certaines dimensions ou variables personnelles ou sociales peuvent influencer, positivement ou non, un processus de prise de décision de carrière.

Les tendances récentes en développement de carrière suggèrent que les processus de prise de décision ne peuvent plus être le fruit d'un pairage, mais d'une construction de sens. On ne trouve plus une carrière à partir d'une évaluation par un test psychométrique ni par des réflexions et des démarches planifiées et programmées à partir d'un modèle donné. En effet, les parcours sont de moins en moins linéaires et de plus en plus individualisés, construits au gré des rencontres, des évènements, des conjonctures et des hasards de la vie, qui marquent l'expérience humaine, laquelle s'inscrit dans des contextes et des environnements sociaux, culturels, économiques et autres qui sont uniques à la personne. Ainsi, l'orientation professionnelle, et plus particulièrement la prise de décision de carrière, s'opère à travers des facteurs à la fois psychologiques, sociologiques et biologiques.

S'orienter dans un monde de plus en plus incertain implique des attitudes et des comportements d'ouverture aux changements et à des transitions nombreuses, et ce, tout au long de la vie.

Ça devient vraiment compliqué tout cela, direz-vous ? Dans une certaine mesure, vous avez sans doute raison. Contrairement à certaines pensées populaires, prendre une décision de carrière éclairée ne peut se résumer à la passation d'un test psychométrique ou à l'application d'une recette en trois, quatre ou cinq étapes identiques pour chaque personne. Avant tout, c'est un individu avec des caractéristiques et des ressources uniques qui prend une décision en regard de ses dispositions et de conditions personnelles tout aussi uniques. Conséquemment, la manière d'entrer en relation et d'accompagner un jeune en situation de prise de décision de carrière devrait être le produit d'une évaluation et d'une action personnalisées.

1.2. QU'EST-CE QU'UNE DÉCISION DE CARRIÈRE ?

Les écrits scientifiques sur la prise de décision de carrière proposent plusieurs définitions de la décision de carrière. À partir de nos travaux de recherche récents sur la question[22], ainsi que de revues de littérature scientifique sur les conceptions contemporaines de la prise de décision de carrière[23] [24] [25] [26] [27], nous en venons à proposer la définition suivante :

Décision de carrière : Action de **choisir**, parmi différentes **options**, ce qui convient le mieux pour atteindre ses **objectifs** personnels, scolaires, professionnels et autres, et ce, à partir d'**opération**s multiples et complémentaires portées sur des **informations** en regard de **contextes** et de **dispositions** de la personne.

La manière dont une personne prend en compte chacune de ces composantes influence la qualité de la prise de décision de carrière. Et selon les carences, les complications ou les obstacles rencontrés par la personne par rapport à l'une ou l'autre des composantes, il est possible de reconnaitre là où pourraient se situer les éventuelles difficultés à réaliser un processus de prise de décision de carrière. Que vous accompagniez un jeune à titre de parent ou de professionnel de l'orientation, nous vous invitons à vous poser quelques questions relatives à celui-ci de manière à mieux comprendre la complexité des composantes d'une « bonne » décision de carrière.

22. Cournoyer, Lachance et Samson (2016).
23. Gati (1986).
24. Forner (2001).
25. Germeijs et De Boeck (2003).
26. Patton et McMahon (1999).
27. Peterson, Sampson, Reardon et Lenz (1996).

DÉCISION DE CARRIÈRE : OÙ EN EST LA PERSONNE[28] ? EN REGARD DE QUOI ?					
1 = Faiblement 3 = Moyennement 5 = Fortement					
À quel point la personne...	**1**	**2**	**3**	**4**	**5**
1. Est-elle en mesure de **choisir**, c'est-à-dire de se fixer, de s'arrêter, de se poser sur quelque chose ?					
2. Connait-elle les **options** s'offrant à elle, qu'elles soient limitées ou nombreuses ?					
3. Peut-elle formuler un **objectif** clair et concret par rapport à ce qu'elle cherche à être, à faire ou avoir dans sa carrière ?					
4. Peut-elle réaliser des **opérations** de comparaison, de hiérarchisation, de distinction, de catégorisation, etc., à partir de ses différentes caractéristiques et celles des options de carrière ?					
5. Possède-t-elle une **information** fiable et exhaustive sur elle-même et sur les options de carrière s'offrant à elle ?					
6. Se connait-elle et se perçoit-elle apte à s'ajuster à de nombreux **contextes** (système scolaire, contingentement, perspectives d'emploi, conjonctures politiques et économiques, environnement familial et culturel, lieu géographique) qui peuvent influencer son parcours ?					
7. Comprend-elle comment ses ressources, ses limites et son fonctionnement personnel et interpersonnel peuvent influencer sa **disposition** à évaluer qui elle est et ce qui s'offre à elle (ex. : confiance, estime, image de soi et autres enjeux de santé psychologique) ?					

Prendre une décision de carrière peut faire intervenir toutes sortes de croyances, de perceptions et d'émotions, parfois valides, parfois erronées[29] [30]. Une telle décision se prend également par une personne porteuse d'une estime, d'une confiance et d'une image de soi plus ou moins solide ou fragile par rapport à ce type de contexte. La prise de décision de carrière repose grandement sur le locus de contrôle de la personne. Un locus de contrôle interne s'associe à des croyances d'autodétermination de ses actions sur les contextes et les évènements, alors qu'un locus de contrôle externe associe justement à ces derniers la préséance sur les actions individuelles.

28. Nous avons retenu « la personne » plutôt que « le jeune » ou « l'enfant » de manière à permettre aux individus qui en feront l'utilisation de l'appliquer également à des personnes d'autres âges.
29. Blesson (2001).
30. Tibos et Van Esbroeck (2004).

Conséquemment, la manière dont cette personne traite – mentalement et affectivement – les informations sur les programmes d'études et les carrières, mais aussi sur elle-même en regard de ces options de carrière, est influencée, parfois contaminée, par la façon dont elle fonctionne psychologiquement avec elle-même et avec les autres[31 32 33].

1.3. ET L'INDÉCISION, EST-CE UN PROBLÈME ?

L'indécision est très souvent perçue comme la réciproque négative de la décision. À cet égard, les jeunes qui se disent décidés quant au programme d'études ou à la profession peuvent apparaitre mieux « orientés » que ceux rapportant être indécis. Pourtant, un jeune pourrait dire vouloir devenir dentiste, sans être capable de réellement faire de liens entre sa personnalité et les caractéristiques de cette profession, ni être en mesure de fournir des informations plus détaillées sur les conditions et les perspectives de travail. À l'inverse, un autre jeune pourrait se dire incertain, mais en creusant un peu, il pourrait nous dire qu'il sait qu'il se dirigera dans le champ de la formation ou de la relation d'aide, que ses réflexions l'amènent pour l'instant à penser ceci et cela, qu'il a mené des démarches par le biais de services d'information et de rencontres avec des professionnels de différents secteurs d'activités. Alors, lequel est le plus « orienté » selon vous ?

Être indécis peut être également considéré comme une phase normale commune à toutes les transitions de vie. Prendre une décision de carrière à la fin de l'adolescence implique de quitter un parcours de scolarité programmé, où le jeune ne décide pas vraiment (sinon très peu) pour une vie adulte indépendante de ses parents, où il est responsable de sa subsistance, de ses conditions de vie, ainsi que des modes d'expression de son identité, que ce soit par les études, le travail, la famille, la parentalité, l'accès à la propriété, les loisirs, etc. La pression est parfois énorme, non seulement de ne pas savoir qui l'on est et ce que l'on veut, mais de regarder autour de soi, puis de voir ses amis et les autres élèves sembler, quant à eux, au clair par rapport à leur voie d'avenir. *Pourquoi moi ? Qu'adviendra-t-il de moi, si jamais je ne trouve pas ? Est-ce normal ? Est-ce que j'ai un problème ?*

Pour s'engager vers la décision, il faut alors composer avec une phase d'indécision, de renoncement d'une partie plus ou moins importante de ses représentations de soi et de la vie pour traverser une phase de déstructuration, puis éventuellement se transformer en quelque chose de mieux ou de meilleur, qui correspond à là où l'on est rendu[34]. Conséquemment, cette phase transitoire s'associe à une plus forte propension de croyances

31. Berthoz (2013).
32. Forner (2001).
33. Saka et Gat (2007).
34. Cournoyer (2016c).

irrationnelles, de procrastination ou d'impulsivité décisionnelle, de difficultés scolaires, de démotivation, de mésestime et de honte, de troubles émotionnels, etc[35] [36].

L'indécision n'est donc pas un problème si l'on comprend qu'elle est en quelque sorte la manifestation d'un état transitoire. Au contraire, il y aurait lieu de s'interroger sur le processus de prise de décision de carrière d'un élève qui n'aurait vécu à aucun moment cet état d'indécision. L'indécision est normale, non problématique.

1.4. CONCEVOIR LE PROCESSUS DE PRISE DE DÉCISION DE CARRIÈRE

Cette section présente le cadre conceptuel à partir duquel nous avons choisi d'étudier les processus de prise de décision de carrière de jeunes en fin d'études secondaires. S'appuyant sur une perspective psychosociale, c'est l'action décisionnelle des jeunes qui est étudiée. Plus particulièrement, nous essaierons de mieux comprendre comment l'individu arrive à fonctionner tout au long de son parcours et en regard de ses projets de vie, de même qu'en regard de sa capacité à mettre en place des stratégies d'ajustement face aux forces de contexte qu'il rencontre tout au long de la vie. Ces stratégies seront par la suite examinées en regard de dimensions spécifiques de prise de décision de carrière.

1.4.1. L'action décisionnelle en regard de la carrière

À travers certaines de nos recherches et publications[37] [38] [39], nous avons tenté de mieux comprendre ce qui intervient dans l'action décisionnelle des individus en regard de la carrière. Nombre d'études à ce jour ont cherché à dégager les variables, les dimensions et les facteurs à considérer dans une décision de carrière éclairée. D'autres ont proposé et évalué des programmes d'accompagnement rattachés à la réalisation d'une série de tâches et d'activités dans des contextes spécifiques, par rapport à un résultat attendu selon certains critères prédéfinis. De notre côté, nous avons considéré l'action de décider comme la résultante, le produit, le construit de dimensions individuelles et sociales.

Notre attention s'est plus particulièrement portée sur les «tensions» vécues qui animent, positivement ou négativement, l'expérience de prise de décision de carrière des personnes. Cela nous a permis de mieux comprendre comment peut se réaliser un processus de décision de carrière selon

35. Forner (2001).
36. Saka et Gati (2007).
37. Cournoyer et Deschenaux (2017).
38. Cournoyer, Fortier et Deschenaux (2016).
39. Cournoyer, Lachance et Samson (2016).

des réalités avantageuses ou contraignantes propres à son expérience de vie. Dans le jargon professionnel, nous pourrions ici parler d'une approche psychosociale, où l'individu en interaction avec son environnement est au cœur de l'analyse du processus de prise de décision de carrière. Deux tensions majeures ont été identifiées dans nos travaux: l'une «biographique», l'autre «interactionniste».

La tension biographique est celle qui s'opère, en continu, entre le parcours d'un individu et ses projets de vie. Autrement dit, les projets personnels qu'il conçoit et réalise, sa projection du présent vers l'avenir, se construisent du passé au présent à travers son parcours de vie. À l'inverse, les projets qu'il conçoit et qu'il réalise ont pour but de satisfaire des besoins jugés insuffisamment répondus ou insatisfaits, d'améliorer ses conditions d'existence, voire de mener une vie plus sensée et moins contraignante. Ainsi, les projets personnels, de leur conception à leur réalisation, redessinent les parcours de vie, lesquels à leur tour influenceront (autrement) les projets futurs.

Prenons l'exemple d'une jeune adolescente, présentant jusqu'alors une faible estime de soi et de confiance en elle-même, qui s'inscrit à un club de soccer. Elle débute en même temps un nouveau cours de mathématiques et amorce une relation amoureuse, deux expériences qui s'avèrent non seulement agréables, mais qui lui procurent des occasions de vivre des réussites. Le regard qu'elle pose sur elle-même et celui que posent les autres à son endroit est conséquemment positif, ce qui modifie son action au soccer. Cela confronte positivement son parcours de vie, puisque de nouvelles perceptions d'elle-même s'ajoutent positivement à celles qui étaient plutôt négatives, jusque-là. Ces réussites peuvent également lui donner le gout de maintenir cette expérience constructive au point d'en arriver à développer encore plus d'habiletés et de compétences au soccer, et conséquemment, plus d'intérêt. Elle pourrait avoir comme projet de se qualifier pour intégrer un club élite, entrevoir des carrières faisant appel à certaines aptitudes en mathématiques ou encore tout simplement se voir belle et bonne en relation avec une autre personne. La réciproque négative peut être tout aussi vraie entre parcours et projets. À nouveau, les projets sont construits en fonction des parcours de vie, puis les parcours de vie sont continuellement reconfigurés par l'action des projets réalisés par la personne dans ses différentes sphères de vie.

La tension interactionniste est celle qui s'opère, en continu, entre les forces de contexte propres à la personne et les stratégies d'ajustement qu'elle arrive à mettre en place. Chaque personne évolue au sein de différents contextes familiaux, relationnels, scolaires, professionnels, amicaux, et plus largement, des contextes socioéconomiques, culturels, politiques, technologiques, etc. Ces contextes sont porteurs de ressources et de contraintes. Ils font pression sur la personne de manière plus ou moins prononcée[40]. Bien sûr, chaque individu ne possède pas les mêmes ressources, les mêmes capacités, ni les mêmes compétences pour faire face aux pressions des contextes de la vie. Tout au long de son parcours et de ses projets de vie, la personne a pu vivre des pressions qui l'ont amenée à développer des stratégies de repli, d'évitement, de soumission ou de renoncement face à des contextes qui exercent une pression trop forte. À l'inverse, les contextes peuvent aussi être fortement aidants pour la personne : avoir accès à des ressources financières, avoir des parents qui valorisent les études, habiter une région où plusieurs programmes d'études sont offerts, avoir accès à plusieurs loisirs lui permettant de se réaliser, etc. La figure 1 présente le modèle d'action décisionnelle sous ces deux tensions.

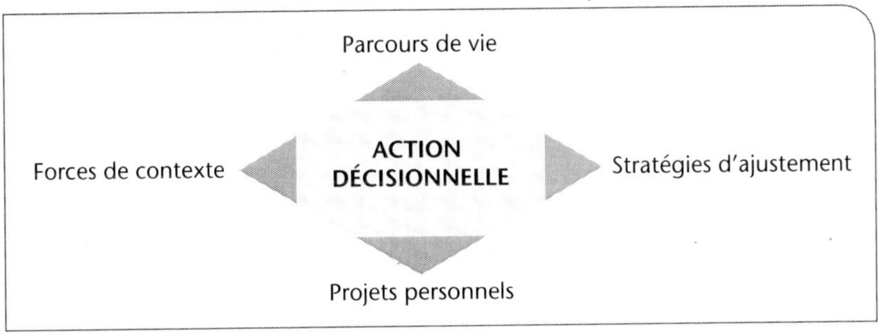

FIGURE 1 : Modélisation de l'action décisionnelle

En somme, les tensions continues entre forces de contexte et stratégies d'ajustement engendrent des apprentissages, des façons de penser, de ressentir et de se comporter qui, positivement ou négativement, reconfigurent les parcours et les projets de vie des personnes. Lorsqu'un jeune réalise un processus de prise de décision de carrière, il le fait en regard de cette double tension continue, laquelle contribue autant à définir la perception qu'il a de lui-même, mais aussi ce qu'il juge pouvoir être.

Pour vous aider à bien comprendre et utiliser les profils de prise de décision de carrière présentés dans les prochains chapitres, les sous-sections suivantes abordent de manière plus détaillée chacun des pôles tensionnels : parcours, projets, forces de contexte et stratégies d'ajustement. Que vous soyez parent ou professionnel de l'orientation, vous saisirez mieux comment se construit le jeune appelé à prendre une décision de carrière, puis conséquemment, les différentes catégories d'enjeux et de problématiques que les interventions doivent servir à traverser.

40. À l'instar du roman de George Orwell (1945), *La ferme des animaux,* où il est mentionné que tous les animaux sont égaux, mais certains sont plus égaux que d'autres, il apparait ici pertinent d'ajuster cet énoncé de la manière suivante : face aux contextes, aux conditions, aux environnements qui font pression sur nos vies, tous les individus sont égaux, mais certains sont plus égaux que d'autres !

PARCOURS DE VIE

Les parcours de vie font l'objet d'un champ d'études scientifiques passablement riche et abordé par plusieurs disciplines. En regard de la posture adoptée dans le cadre de ce livre et pour éviter de nous livrer à un trop long exposé théorique, nous retiendrons que les parcours de vie sont des modèles explicatifs d'organisation de vie construits à partir d'expériences et d'apprentissages individuels à la fois contextualisés, non linéaires, marqués de ruptures, de bifurcations, de transitions, de réversibilités, etc.

Quatre principes[41] [42] [43] permettent de comprendre ce qui peut façonner les parcours de vie propres à chaque individu, notamment ceux des jeunes en situation de prise de décision de carrière.

Temps et lieux sociaux et historiques traversés

Le lieu de naissance a une incidence notable sur la façon de concevoir l'individu et sa place dans sa communauté, dans la société et dans le monde. Toutes les valeurs, les règles et les normes, les représentations de ce qu'il est possible ou non d'être et de faire, la manière de vivre et de se comporter dans la famille, à l'école, au travail ou avec les autres selon des statuts définis dépendent d'une panoplie de structures et de repères sociaux, culturels, politiques, économiques et autres. Cela vaut également pour les environnements plus proximaux de la vie, comme la famille. Par exemple, des déménagements fréquents, des ruptures familiales, la naissance de frères et de sœurs, des accidents, des tragédies ou des évènements heureux peuvent contribuer à installer des regards différents sur la vie. Toutes nos actions, nos décisions, sont prises en fonction de ce qui nous apparait possible. Et ce qui nous apparait possible dépend de la réalité que l'on a pu construire à partir de notre histoire, de ses opportunités et de ses contraintes, des ressources disponibles et des savoirs que l'on a acquis au sein de la famille, avec ses proches, à l'école et dans d'autres espaces de vie.

Moment (« Timing »)

Que l'on vive au Canada, en France ou ailleurs dans le monde, nos expériences peuvent être très différentes selon que l'on soit né en 1950, en 1970, en 1990 ou en 2005... Certains évènements d'envergure (ex. : chute du communisme, 11 septembre 2001, essor de l'Internet) marquent les sociétés au sein desquelles nous évoluons et, par le fait même, le regard que l'on pose sur la vie, sur ce qui est possible d'être, de faire, d'avoir ou pas. Par exemple, les personnes qui sont nées en 1950 au Québec ou en France ont pu participer aux grands mouvements de la jeunesse de la fin des années 1960 et du début de la décennie suivante. Leur pouvoir d'agir a pu s'exprimer à travers des opportunités et des limites bien différentes de celles qui composent le

41. Elder (1998).
42. Elder et Johnson (2000).
43. Lalive d'Épinay avec la collaboration de Bickel, Cavalli et Spini (2005).

monde des personnes nées entre 2000 et 2010. Il n'y a qu'à penser à l'essor d'Internet, des réseaux sociaux et de toutes les autres modalités et possibilités contemporaines de communications électroniques pour démontrer comment les jeunes aujourd'hui âgés de 15 et 20 ans n'ont pas les mêmes possibilités et limites que ceux ayant vécu à une autre période de l'histoire, et ce, tant au Québec, en France qu'ailleurs dans le monde.

D'autres évènements plus personnels, à plus petite échelle, peuvent s'avérer tout aussi déterminants. Il peut s'agir de la naissance d'un enfant, de la mort ou de la maladie d'une personne chère, du divorce ou de la séparation des parents, de la rencontre d'un nouvel amoureux ou ami, d'un prix ou d'une reconnaissance pour certaines réalisations, de l'amorce d'une activité parascolaire, de la poursuite d'un cours des plus intéressants, etc. Le principe du moment où le « timing » regroupe tous ces évènements imprévus qui viennent changer de manière plus ou moins importante la direction et le sens que l'on donne à sa vie, que ce soit dans ses intérêts, ses activités, l'estime et la confiance en soi, la motivation, les rapports entretenus avec les autres, les représentations du monde, etc. Tout cela peut bien sûr être des plus positifs, des plus constructifs, mais c'est parfois aussi l'inverse. Est-ce lié à la chance, au destin, à l'aboutissement quelque peu chaotique de différentes actions... ?

Interrelations des vies individuelles

La manière de mener notre vie influence réciproquement l'existence d'autres personnes. Avant qu'un jeune développe ses propres projets de carrière et de vie en général, il a d'abord été le projet de ses parents, lesquels par leur amour, leurs ressources et leurs limites, ont participé à lui offrir un champ plus ou moins étendu de possibilités personnelles. Bien entendu, les projets des enfants, leurs attitudes et leurs comportements influencent à leur tour le parcours de leurs parents. Il en va de même pour les autres membres de la famille, les proches et amis ainsi que les personnes moins intimes, mais hautement significatives à différents moments du parcours de vie.

Dans un contexte de prise de décision de carrière, le fait par exemple de vouloir se rapprocher ou de s'éloigner de ses parents, de ses amis et des autres personnes de son milieu pourrait influencer le lieu d'études. Autre exemple : le fait d'avoir à choisir entre poursuivre un programme d'études dans une autre ville et rester dans sa région natale pour être avec ses amis ou son amoureux, quitte à renoncer à son premier choix, illustre l'une des façons dont les vies s'interinfluencent...

Agentivité[44]

La manière dont une personne agit ou réagit dépend de ses possibilités et de ses limites, réelles ou perçues. Tout au long de sa vie, des évènements, des rencontres, des conjonctures et des projets, la personne assimile des informations et intègre un sens par rapport à elle-même, aux autres, au monde à partir duquel de nouvelles actions seront opérées ou non. Dans cette perspective, une personne ne peut poser d'actions qu'en regard de ce qu'elle perçoit comme existant et possible.

Par exemple, la représentation d'une carrière de professeur universitaire n'est pas la même pour les filles ou fils de professeurs que pour les filles ou fils de personnes exerçant un métier de la construction. Les connaissances, mais également les représentations personnelles et sociales, ne seront pas les mêmes. Il en va de même pour la distribution des programmes d'études ou des professions exercées selon les régions, les pays. Un jeune montréalais ou parisien qui souhaite travailler dans l'industrie minière ne rencontre pas les mêmes défis pour se former et s'insérer professionnellement que celui né en Abitibi-Témiscamingue au Québec ou en Lorraine en France, et ce, surtout si les gens de son milieu travaillent majoritairement dans ce secteur. Ce principe apporte un éclairage important pour une meilleure compréhension du processus de décision de carrière des jeunes, à savoir que tout n'est pas une question d'intérêt, de motivation et de volonté, mais aussi de possibilités, de disponibilité et d'accessibilité.

PROJETS PERSONNELS

Se projeter dans l'avenir, dans d'autres contextes et d'autres lieux, est une faculté et une action propre à l'être humain. Bref, c'est naturel de se projeter. Le projet contribue à la recherche de sens dans notre vie; c'est l'antidote contre la répétition mécanique[45]. Paradoxalement, lorsqu'on se projette dans l'avenir, on prend du recul sur notre passé, afin de tracer un itinéraire inédit fondé sur ce que l'on connait[46 47].

Dans le contexte de processus de prise de décision de carrière, un projet est en fait un «pro» (une conception de soi, de ses représentations, de ses ressources, de ses conditions, de ses dispositions) qui se «jette» (dans un programme d'études, une profession, une carrière, un lieu d'études, etc.).

---

44. L'agentivité n'est pas une stratégie d'ajustement au sens de ce que le lecteur pourra voir plus loin dans cette section. L'agentivité est une forme d'agencement de son parcours en réaction à des évènements, conjonctures, etc., alors que les stratégies d'ajustement sont davantage construites à partir de ses intentions, ainsi que la manière d'agir, ses ressources et ses limites, en regard de son fonctionnement psychologique sur les plans personnel et interpersonnel.
45. Boutinet (2005).
46. Bellin (2013).
47. Boutinet (2004).

Un projet comporte une phase de conception et une autre de réalisation[48]. Ces deux phases se complètent et s'alimentent continuellement, notamment par des phases de réflexion et d'action. Pour les jeunes en processus de prise de décision de carrière, si la conception est plus ou moins bâclée, cela aura des conséquences sur la qualité de la réalisation (vice versa). La conception nourrit la réalisation, tout comme la réalisation nourrit à son tour la (re)conception, et ainsi de suite jusqu'à ce que les deux phases soient suffisamment bien articulées pour donner lieu à un projet éclairé.

Pour concevoir et réaliser un projet, il importe de bien définir ses composantes :

- Le sujet : celui qui se projette ;
- L'objet : le but, l'objectif ;
- Le surjet : le contexte ou l'environnement social, les conditions et les dispositions personnelles et psychologiques de la personne ;
- Le trajet : la trace, le plan, le cheminement, la ligne plus ou moins droite vers le « jet » du projet.

Le rapport au projet d'une personne peut influencer sa manière d'approcher la prise de décision de carrière. Par exemple, « avoir » ou « faire » un projet n'a pas la même implication que d'« être » en projet. Avoir un projet renvoie à l'idée de trouver à l'extérieur de soi la réponse à un problème. Faire un projet implique l'action de réalisation sans celle de conception. Nous sommes en élaboration de projet chaque fois que nous cherchons à coordonner et améliorer nos conditions d'existence en regard d'un passé incomplet, d'un présent insatisfaisant et d'un avenir aux espoirs libérateurs[49, 50].

Tous les jeunes ne conçoivent pas le projet sous la même forme[51].

- Pour certains, la décision de carrière confirme un projet « identitaire », c'est-à-dire fondé sur l'expression libre et totale de soi dans un programme d'études, une profession, une carrière.
- Le projet peut aussi être « fonctionnel », c'est-à-dire viser à « se placer » dans les meilleures conditions en regard de valeurs et de normes plus ou moins établies et acceptées.
- Le projet peut aussi être « d'inclusion », c'est-à-dire orienté vers la recherche d'appartenance à un groupe professionnel souhaité. Par exemple, on peut dire que l'on veut travailler en construction, dans la police, sur la route.

---

48. Boutinet (2005).
49. Béret (2002).
50. Charpentier, Collin et Scheurer (1993).
51. Cournoyer (2008).

- Il y a aussi le projet « utilitaire ». C'est là une représentation de l'avenir professionnel souvent difficile à gérer pour les professionnels de l'orientation, et même les parents, en regard de leurs propres valeurs. Le jeune se projette ici dans quelque chose qui n'est pas spécifiquement défini par rapport à lui-même, mais par la nécessité que l'on accorde à l'obligation de travailler pour accumuler les revenus requis pour assurer sa subsistance et, au besoin, d'autres projets.

Somme toute, un projet personnel se réalise généralement au sein de projets plus collectifs, institutionnels et sociaux. Autrement dit, les projets des uns sont aussi ceux des autres ! Le projet d'études d'un jeune en situation de prise de décision de carrière peut avoir à s'ajuster à celui d'un partenaire de vie dans le contexte d'un couple, sinon à ceux des parents pour des questions de soutien financier et de transport. Et la manière dont sera réalisé le projet dépend aussi du projet éducatif de l'école, donc du cadre d'enseignement et des mesures de soutien disponibles selon les établissements d'enseignement. Ce même projet se réalise également dans un lieu qui lui accorde en retour un soutien et une reconnaissance variable selon sa nature. Par exemple, si le jeune a pour projet de devenir médecin, la reconnaissance et la valorisation sociales ne sont généralement pas les mêmes que s'il envisage des études dans d'autres secteurs d'activités. Cela dépend en quelque sorte du projet de société. Dans un contexte de processus de prise de décision de carrière, un jeune qui se connait peu et qui présente des difficultés d'estime et de confiance en soi, pourrait rechercher dans son environnement les standards et les normes de reconnaissance, d'excellence, de prestige, afin de « se placer » dans des conditions plus rassurantes (même s'il est peu motivé, au fond de lui).

FORCES DE CONTEXTE

Vance Peavy, feu professeur de l'Université de Victoria reconnu mondialement pour sa contribution au courant sociodynamique du développement de carrière, explique très bien la notion de contextes de vie en interaction avec d'autres notions telles que les parcours, les projets et les stratégies d'ajustement de la personne.

> « Aujourd'hui, il est impossible de penser à l'existence individuelle sans prendre en considération l'évolution des institutions. Le parcours de vie d'un individu se veut ainsi une trajectoire traversant les contextes institutionnels. Le moi individuel est de plus en plus, par nécessité, un projet réflexif organisé. Chacun est de plus en plus laissé à lui-même pour construire son identité et pour naviguer au sein des institutions. Nous sommes ce que nous construisons par nous-mêmes. Bien sûr, nul n'est libre de choisir tout ce qu'il fait et nous rencontrons tous des contraintes et des influences contextuelles. La planification de vie, la prise de risques, l'essai, la lutte à vouloir

> formuler des parcours pour prendre emprise sur son avenir, projection du présent dans un avenir imaginé, nous amènent à rechercher des routes pour sortir de la marginalisation, à trouver des sources de soutien, ce qui nous amène à nous développer en tant qu'être en projet.[52] »

Les institutions dont il est question ici sont en quelque sorte différents contextes d'expression et de production humaines: la famille; l'école, le programme d'enseignement, l'éducation; le travail et le marché de l'emploi; la société et l'État; les médias et les groupes associatifs, etc. Bref, ce sont tous les agents sociaux qui promeuvent certaines normes, règles, valeurs, attentes et autres formes de conformité sociale. Lorsque nous nous disons «il faut», «je n'ai pas le choix», «c'est comme cela que ça marche», à moins d'avoir pleinement pris des moyens pour valider ou réfuter cette injonction, nous sommes alors dans un rapport de soumission aux forces de contexte.

Les recherches sur les contextes de développement humain[53 54] illustrent, elles aussi, l'importance des forces de contexte dans le processus de prise de décision de carrière des jeunes. Elles suggèrent quatre types de systèmes qui influencent, voire font pression, sur les actions humaines:

- Les **microsystèmes**, comme la famille, l'école, les pairs, l'environnement de travail. C'est ce qui est immédiat, tout près de nous, en nous, qui participe à la définition des normes, des rôles et des attentes de la société que nous adoptons plus ou moins consciemment;
- Les **mésosystèmes**, soit les espaces sociaux qui se trouvent à la jonction entre deux systèmes. Il peut s'agir, par exemple, de l'expérience de stage de fin d'études, à la jonction de l'école et du marché du travail, où là aussi les normes, les valeurs et les règles sont au cœur de rapports d'identité professionnelle;
- Les **exosystèmes** (forces de contexte indirectes), soit les expériences et évènements pouvant être vécus par des proches (ex.: perte d'emploi du père). Ceux-ci peuvent affecter les pensées, les sentiments, les comportements et les sensations de la personne en contexte décisionnel;
- Les **macrosystèmes** (contextes plus globaux, structuraux et abstraits), comme l'État, le marché du travail, l'éducation, la culture, l'économie, les idéologies, etc. Ces forces de contexte peuvent être tout aussi soutenantes que contraignantes.

Les forces de contexte relèvent donc autant de structures sociales (ex.: éducation, travail) qui déterminent le cadre normatif dans lequel un individu évolue dans une société donnée, que de personnes et de groupes avec qui il interagit, pour différents types de soutien plus ou moins… soutenants.

---

52. Peavy (1997).
53. Bronfenbrenner (1977).
54. Bronfenbrenner (1986).

Lorsqu'un jeune procède à une prise de décision de carrière, il peut d'une certaine façon, le faire en ayant le vent « de face » (contextes asservissants, contraignants, voire aliénants ou violents, etc.) ou le vent « dans le dos » (contextes aidants, soutenants, émancipateurs, stimulants, etc.). Qu'ils soient réels ou perçus, ces contextes déterminent la contre force nécessaire sur le plan des stratégies d'ajustement de la personne.

STRATÉGIES D'AJUSTEMENT

Les stratégies d'ajustement représentent les moyens que prend un individu pour satisfaire ses besoins en regard des forces de contexte qui s'opèrent sur lui, de même qu'en regard de ses apprentissages en interaction avec le monde qu'il a pu réaliser à ce jour à travers des parcours et des projets de vie. La motivation, le courage, la volonté, la confiance et l'estime de soi n'existent pas tout d'un coup chez la personne. Cela se construit, à travers les expériences de vie. Au moment de prendre une décision de carrière, selon ces expériences et surtout l'interprétation que la personne en a faite quant à son pouvoir d'agir, cela va influencer le type de stratégies d'ajustement auquel elle fera appel.

Une panoplie de stratégies d'ajustement ont été répertoriées dans la littérature scientifique sur les pratiques professionnelles en orientation. Selon les principaux modèles[55] [56] [57] [58], il est possible de distinguer quatre façons de gérer les forces, les pressions et les stress de l'existence :

1. **Se soumettre**, c'est se reconnaitre inapte à faire face aux forces de contexte. Par conséquent, c'est adopter tout ce que l'on nous présente, car cela nous semble être notre seul et véritable pouvoir. Pensons ici au jeune qui décide d'abandonner ses études, faute de se juger apte à maintenir sa place, ou encore à la personne qui s'inscrit à un programme d'études ou qui postule à un emploi en deçà de ses capacités parce que c'est plus prudent, moins risqué ;
2. **Fuir** (ou éviter), c'est adopter des attitudes et des comportements qui nient l'existence de la réalité, de la pression ressentie. Il peut s'agir d'éviter toute forme d'engagement, de renoncer plutôt que de faire les efforts requis pour « risquer » de réussir, de procrastiner et de s'engager dans d'autres activités ;
3. **Compenser**, c'est en quelque sorte le contraire de la soumission. Pour ne pas ressentir une situation de stress, d'anxiété, de peur, d'échec ou de vide en regard de son processus de prise de décision de carrière, la personne va chercher à contrattaquer en affrontant les personnes qui s'opposent à elle, en se surinvestissant dans certaines activités

55. Beck (1979).
56. Young, Weishaar et Klosko (2017).
57. Cournoyer, Desrosiers, Morasse et Legault (2013).
58. Padesky (1994).

ou en rejetant une personne significative ou un professionnel de l'orientation;

4. **S'autoréguler**, c'est grosso modo l'acceptation (cognitive et affective) de ce que l'on vit, que parfois l'on subit, malgré nous, à certains moments de notre vie. Il s'agit d'une acceptation non passive, qui prend le temps de recevoir et de ressentir ce qui arrive: une demande d'admission refusée, un échec à un examen, des difficultés personnelles, des exigences institutionnelles élevées. Ensuite, tranquillement, la personne s'engage à petits pas, fonce, avec courage (en affrontant ses peurs) vers une nouvelle perspective, un nouvel objectif, de nouvelles façons d'être et d'agir. Dans un contexte de processus de prise de décision de carrière où l'on se sent complètement perdu, instable, stressé ou anxieux «de ne pas savoir quoi faire...», s'autoréguler peut consister à se recentrer sur ses intérêts, ses valeurs, ses buts, à ne pas se laisser envahir par les émotions intenses, mais tout de même à reconnaitre et à accepter leur présence, afin d'en tirer profit pour mieux comprendre ce qui se passe en soi, pour acquérir une meilleure connaissance de soi.

Les stratégies d'ajustement choisies et mises de l'avant par les jeunes peuvent se reconnaitre par des attitudes et des comportements observables, mais se fonder sur des pensées et des émotions sous-jacentes témoignant du pouvoir d'agir qu'ils se reconnaissent. En contexte de prise de décision de carrière, les stratégies de soumission, d'évitement, de compensation et d'autorégulation peuvent se manifester dans l'action (ou l'inaction) relative à certaines réflexions et démarches couramment attendues.

1.4.2. Les dimensions liées à la prise de décision de carrière à l'adolescence

Réaliser un processus de décision de carrière implique certaines capacités cognitives, de régulation affective et comportementale afin de pouvoir gérer l'incertitude, les impasses et l'indécision[59 60 61 62]. Lorsque confronté à des difficultés sur le plan scolaire ou professionnel, l'individu tend à mettre en place des stratégies d'ajustement, fonctionnelles ou pas (ou peu), de manière à maintenir une certaine cohésion de soi (image, estime, confiance)[63 64].

59. Austin, Dahl et Wagner (2010).
60. Gati (1986).
61. Reardon, Lenz, Sampson et Peterson (2011).
62. Saka et Gati (2007).
63. Cournoyer et Lachance (2014).
64. Martinot (2001).

En ce qui a trait aux dimensions participant au processus de prise de décision de carrière, les travaux du professeur-chercheur Itamar Gati[65] sont sans doute ceux qui ont eu le plus de retombées à l'échelle internationale. Plusieurs de ses travaux de recherche ont d'ailleurs été réalisés avec le *Career Decision-Making Profile* (CDMP), un questionnaire comportant 12 dimensions qui traversent l'expérience décisionnelle de carrière d'adolescents et de jeunes adultes[66]. Les dimensions décisionnelles[67] sont considérées, dans le cadre de ce livre et des profils de prise de décision présentés dans les prochains chapitres, comme des stratégies d'ajustement que la personne opère en regard de forces de contexte, réelles ou perçues, ainsi qu'en regard de son parcours de vie et de ses projets personnels uniques. Chaque individu se positionne différemment sur chacune des dimensions selon un continuum opposant deux pôles[68].

TABLEAU 1. Description des dimensions décisionnelles du *Career Decision-Making Profile* (CDMP)

	CUEILLETTE D'INFORMATION	
Minimale	À quel point la personne cherche et organise des informations de façon méticuleuse.	Compréhensible
	TRAITEMENT D'INFORMATION	
Holistique	À quel point la personne analyse et traite l'information en fonction de ses caractéristiques.	Analytique
	LOCUS DE CONTRÔLE	
Externe	Le degré de contrôle que la personne croit avoir sur son avenir (ses décisions ont un impact direct sur ses opportunités de carrière VS l'avenir est déterminé par des facteurs externes comme la chance ou la destinée).	Interne
	EFFORTS INVESTIS DANS LE PROCESSUS	
Peu	Le niveau de temps et d'effort mental investis par la personne dans le processus de prise de décision.	Beaucoup
	PROCRASTINATION	
Élevée	À quel point la personne fuit ou retarde le début ou l'avancement de son processus de prise de décision.	Faible

65. Pour en savoir davantage sur l'ensemble des travaux de recherche d'Itamar Gati sur la prise de décision de carrière, vous pouvez consulter un site Internet spécifiquement dédié à la présentation de résultats de recherche et d'outils d'enquête: http://kivunim.huji.ac.il/cddq/
66. Gati, Landman, Davidovitch, Asulin-Peretz,et Gadassi (2010).
67. Gati, Landman, Davidovitch, Asulin-Peretz,et Gadassi (2010).
68. Gadassi, Gati et Dayan (2012).

Lente	**RAPIDITÉ DE PRISE DE DÉCISION** Le temps dont a besoin la personne pour prendre sa décision finale après que la collecte d'information soit terminée.	Rapide
Rare	**CONSULTATION DES AUTRES** À quel point la personne a besoin de consulter autrui durant les différentes étapes du processus décisionnel.	Fréquente
Faible	**DÉPENDANCE ENVERS LES AUTRES** À quel point la personne prend l'entière responsabilité de la prise de décision (même en consultant autrui), par opposition à l'attente qu'une autre personne prenne la responsabilité de la décision.	Élevée
Faible	**DÉSIR DE FAIRE PLAISIR AUX AUTRES** À quel point la personne tente de satisfaire les attentes des personnes qui lui sont significatives.	Élevé
Faible	**ASPIRATION À L'ÉGARD D'UNE PROFESSION IDÉALE** À quel point la personne cherche une profession idéale en tout point pour elle.	Élevée
Faible	**VOLONTÉ DE COMPROMIS** À quel point la personne est ouverte aux options et solutions de rechange et à faire des compromis lorsqu'elle fait face à des difficultés.	Élevée
Beaucoup	**UTILISATION DE L'INTUITION** À quel point la personne prend en considération son intuition dans la prise de décision.	Peu

Il devient alors possible, par le biais de 12 continuums, de positionner les jeunes en situation de prise de décision de carrière en regard de chacune de ces 12 dimensions décisionnelles. Ces dimensions sont en quelque sorte des stratégies d'ajustement spécifiques au processus de prise de décision de carrière. Le positionnement à un endroit ou l'autre sur le continuum pour chacune des dimensions peut témoigner de la manière dont un jeune se soumet, évite, compense ou s'autorégule dans la conduite de son processus de décision de carrière.

▸▸ 1.5. UNE RECHERCHE D'ENVERGURE SUR LA PRISE DE DÉCISION DE CARRIÈRE DES JEUNES

Dans le cadre de nos activités de recherche scientifique, nous avons réalisé une étude[69] auprès de 2 155 élèves de 17 écoles[70] réparties dans 8 régions administratives du Québec. Cette recherche avait pour but:

1. De décrire les dimensions cognitives, comportementales et sociorelationnelles qui participent (ou non) à la prise d'une décision relative à la carrière chez des jeunes de la cinquième secondaire;
2. D'analyser comment ces dimensions peuvent contribuer à mieux saisir l'état de construction de la prise de décision relative à la carrière de ces élèves.

Tous les participants ont donc répondu à un questionnaire[71] leur demandant de se positionner sur 108 énoncés à partir d'une échelle en 9 points (1 = ne me décrit pas, 3 = me décrit moyennement, 9 = me décrit très bien). Des 2155 jeunes ayant répondu au questionnaire, 165 (83 filles et 82 garçons) ont, par la suite, réalisé un entretien de 40 à 60 minutes avec un membre de l'équipe de la recherche afin d'expliquer les raisonnements motivant leurs réponses.

REMERCIEMENTS PARTICULIERS POUR ITAMAR GATI

Nous tenons à remercier le professeur Gati de la Hebrew University of Jerusalem pour l'utilisation du *Career Decision-Making Questionnaire* (CDMP). Ce dernier est une référence mondiale en matière de recherche sur la prise de décision de carrière d'adolescents et de jeunes adultes. À noter que pour en savoir plus sur les travaux d'Itamar Gati ou encore pour faire une demande d'utilisation de l'un de ses questionnaires dans une perspective de recherche, vous pouvez consulter le site suivant: http://kivunim.huji.ac.il/cddq/ Vous pouvez rejoindre directement Itamar Gati par courriel à l'adresse suivante: Itamar.gati@huji.ac.il

69. Cette recherche, intitulée *Perspective cognitive, comportementale et sociorelationnelle du processus de prise de décision relative à la carrière chez les élèves de la cinquième secondaire*, a été subventionnée par le Fonds Québécois de la Recherche sur la Société et la Culture (FQRSC).
70. Nous tenons à remercier les 17 conseillers d'orientation ayant collaboré à la réalisation de cette recherche. Leur participation et leur soutien nous ont non seulement permis d'entrer dans les écoles avec l'appui de leurs directions, mais également d'aller chercher les collaborations nécessaires de la part d'enseignants pour administrer le questionnaire dans le cadre de séances de cours et de réserver les locaux nécessaires pour la réalisation des entretiens.
71. Le questionnaire comportait quatre sections: 1) informations sociodémographiques (âge, scolarité, institution, etc.); 2) état de construction du projet professionnel; 3) critères de prise de décision à partir d'une traduction francophone du *Career Decision-Making Profile Questionnaire* (CDMP); 4) types de soutien selon différentes catégories de relations sociales.

La marque distinctive de cette recherche mixte[72] [73] est d'avoir permis de déterminer scientifiquement 7 profils de prise de décision de carrière distincts au sein d'une population de jeunes de 16 à 18 ans. Voici un aperçu du processus qui a été suivi pour arriver à ce résultat :

- Une procédure statistique d'analyse typologique[74] a permis d'analyser les réponses fournies par les jeunes au questionnaire pour chacune des 12 dimensions décisionnelles évaluées ;
- Des profils reposant sur une distribution spécifique et unique de positionnements sur le continuum d'un certain nombre de ces dimensions sont ressortis de cette analyse ;
- Les 165 jeunes ayant participé aux entretiens ont été répartis selon leur profil respectif ;
- L'analyse détaillée des entretiens a permis de dégager des thèmes[75] visant à mieux comprendre comment se vit l'expérience des jeunes au sein de chacun des profils. Ces thèmes étaient identifiés en tenant compte des dimensions décisionnelles, ainsi que des composantes de tension du modèle d'action décisionnelle présenté précédemment : parcours de vie, projets personnels, forces de contexte, stratégies d'ajustement ;
- Le tableau 2 indique le nom de chacun des profils identifiés, ainsi que le nombre et la proportion d'élèves en faisant partie ;

TABLEAU 2. Profils de prise de décision et répartition des élèves en nombre et en proportion

Les authentiques	N = 383 (20 %)
Les rationnels	N = 308 (16 %)
Les spontanés	N = 300 (16 %)
Les engagés	N = 141 (8 %)
Les inspirés	N = 228 (12 %)
Les transportés	N = 219 (12 %)
Les opportuns	N = 305 (16 %)

- À partir d'une description des caractéristiques des jeunes associés à chaque profil et de la manière dont chacun procédait pour prendre (ou non) une décision de carrière, il a été possible de dégager leurs besoins propres en matière d'accompagnement et, de là, des interventions qui pourraient être conduites par les parents et les professionnels de l'orientation selon leur rôle et leur expertise respective et complémentaire.

72. Creswell (2009).
73. Johnson, Onwuegbuzie et Turner (2007).
74. Borgen et Barnett (1987).
75. Paillé et Muchielli (2012).

1.6. LES PARENTS ET LES PROFESSIONNELS DE L'ORIENTATION

Au moment de prendre une décision de carrière, les jeunes en fin d'adolescence peuvent compter sur deux catégories de personnes (entre autres) pour les soutenir : les parents et les professionnels de l'orientation. Chacun d'eux possède des expériences, des connaissances et des compétences pouvant être mises à profit de manière complémentaire auprès des jeunes en situation de processus de prise de décision de carrière.

1.6.1. Les parents

Les parents occupent généralement une place prépondérante dans la vie des jeunes sur le plan du soutien. Avant même que ces jeunes élaborent des projets d'avenir, leurs parents ont souvent déjà des projets de vie pour eux. D'ailleurs, l'enfant est souvent en soi le projet de ses parents ! À cet égard, il est possible d'observer une certaine attente parentale dans le soutien à la prise de décision des jeunes. D'une part, la majorité des parents souhaitent vivement que leurs enfants décident d'une carrière leur permettant d'exprimer pleinement leurs intérêts et leurs talents, « mais »... ils se soucient également qu'ils aient une profession stable et une situation financière satisfaisante[76].

Le soutien des parents s'exerce de différentes façons pour favoriser la réussite de leurs enfants[77] :

- Leur faire confiance, leur donner de la reconnaissance et valider leurs décisions ;
- Discuter, échanger sur leurs expériences de vie, tisser des liens de confiance, entrevoir différentes façons de traverser les difficultés ;
- Encourager, souligner les bons coups, démontrer leur fierté, valoriser les efforts et les projets engagés, donner du courage dans les moments difficiles ;
- Conseiller, lorsque la confiance est suffisamment établie, en référant à leurs expériences, pour témoigner de façons de penser et de faire pour gérer des situations décisionnelles ;
- Contribuer financièrement et matériellement, parce qu'au-delà des efforts personnels des jeunes, il y a des conditions financières à assumer. Des ententes, parfois des négociations entre parents et enfant, conduisent à définir les modalités de soutien à cet égard.

Il n'est pas toujours facile pour un parent de soutenir son enfant au moment où ce dernier traverse une phase normale de quête d'autonomie, accompagnée paradoxalement d'un souci de maintenir certains acquis (résidentiel, financier, transport, etc.). Depuis des décennies, au sein des

76. Cournoyer (2011).
77. Bourdon, Cournoyer, Lapostolle, Létourneau et Charbonneau (2009).

sociétés occidentales, la fin de l'adolescence et l'entrée vers l'âge adulte constituent un temps et un lieu d'essai de nouvelles identités et de nouveaux rôles, ce qui contribue au développement de l'affirmation de soi et à l'ouverture à des modèles hors de la famille[78]. Par conséquent, certains parents trouvent difficile de trouver la bonne place à prendre afin d'exercer un rôle de soutien véritable auprès d'un être qui n'est plus l'enfant d'hier, mais un adulte de demain.

1.6.2. Les professionnels de l'orientation

Comme chaque province, territoire et pays de la francophonie a des réglementations, des formations, des pratiques et des titres professionnels plus ou moins différents, nous avons retenu pour ce livre l'emploi du terme «professionnels de l'orientation» pour désigner les personnes accompagnant les adolescents dans leur processus de prise de décision de carrière. Le titre le plus couramment utilisé dans ce domaine est celui de conseiller d'orientation. En général, dans les pays de la francophonie, les conseillers d'orientation possèdent une formation de deuxième cycle universitaire (ex.: maitrise, master) dans un domaine spécialisé ou connexe à la discipline.

Au Québec, à l'instar de ses homologues d'autres pays de la francophonie (malgré les variations possibles selon les cultures de pratique, les cadres organisationnels et les systèmes éducatifs), le conseiller d'orientation exerce couramment les fonctions suivantes auprès des élèves[79]:

- Accompagne le jeune dans sa découverte de lui-même, dans l'exploration concrète et active du monde de la formation et du travail, dans le soutien au développement de son autonomie, dans sa prise de décision, dans la confirmation de son projet professionnel et dans sa réalisation;
- Apporte un éclairage auprès des élèves, autant en ce qui concerne les éléments intrinsèques comme les traits de personnalité, les croyances, les valeurs et les intérêts, qu'en ce qui a trait aux aspects extrinsèques comme l'environnement familial et social, en regard des compétences, des connaissances et des ressources personnelles dont il dispose;
- Aide l'élève à mieux se définir, à mieux comprendre les différents aspects influençant son choix et l'aide à trouver un sens à ses apprentissages de manière à persévérer dans son cheminement scolaire et, ultimement, à trouver sa place au sein de la société;
- Participe aux activités de l'école en matière de réussite et de persévérance scolaire[80].

78. Crosnoe (2000).
79. Ordre des conseillers et des conseillères d'orientation du Québec (2013).
80. Cette description des activités du conseiller d'orientation se veut sommaire et ne reflète pas toutes les pratiques et les responsabilités pouvant s'exercer au sein d'une école, que ce soit au Québec ou ailleurs dans les pays francophones.

Les conseillers d'orientation en milieu scolaire peuvent soutenir les parents en les aidant à mieux connaitre et comprendre l'organisation des études et les voies de cheminement scolaire et professionnel possibles. Ainsi, ils peuvent intervenir auprès d'eux pour leur transmettre de l'information et leur apporter du soutien en ce qui a trait à l'intervention auprès de leur enfant[81].

1.6.3. Complémentarité de rôles et de pratiques

Selon la nature des liens entretenus, différentes personnes significatives dans la vie des jeunes peuvent exercer différents types de soutien[82,83,84]. À ce propos, une attention particulière peut être portée à l'application des notions de liens forts et de liens faibles[85,86] au contexte de processus de prise de décision de carrière.

- Les liens forts sont ceux entretenus avec des personnes proches de nous, tant sur le plan physique qu'affectif. Chez les jeunes, cela inclut généralement les parents, les amis et les connaissances, les relations amoureuses et quelques collègues de classe ou de travail auprès de qui ils se dévoilent de manière plus intime. Les liens forts sont empreints de partage de cercles sociaux communs, de valeurs, de croyances et de ressources communes.
- Les liens faibles sont entretenus avec des personnes plus éloignées sur le plan physique et affectif. Chez les jeunes, cela peut inclure les membres de la fratrie, les enseignants, les professionnels de l'orientation, les autres membres du personnel de l'école, la plupart des collègues de classe ou de travail étudiant ainsi que d'autres adultes présents dans leur vie.

Les parents représentent donc, la plupart du temps, des liens forts pour les jeunes. Ils sont des « acteurs de soutien », c'est-à-dire des personnes disponibles et accessibles en tout temps, afin de leur apporter de l'aide directe, des encouragements, du soutien financier et de transport au besoin.

Les professionnels de l'orientation sont, quant à eux, considérés comme des liens faibles pour la plupart des jeunes, même dans le cadre relationnel qui peut les réunir. Comme ces derniers ne sont pas liés par des intérêts personnels (de parentalité, d'amitié, d'amour) avec leurs clients, ils peuvent devenir des « acteurs de mobilisation ». Conséquemment, ils peuvent jouer un rôle basé sur une relation utilitaire centrée sur la mobilisation des jeunes en regard de leurs projets. Ils peuvent ainsi fournir des avis, des conseils et des informations, mener des interventions et porter des jugements cliniques

81. Ordre des conseillers et des conseillères d'orientation du Québec (2013).
82. Cournoyer (2008).
83. Cournoyer (2011).
84. Cournoyer (2009).
85. Granovetter (1973).
86. Granovetter (1983).

permettant aux jeunes de s'ouvrir à de nouvelles perspectives d'eux-mêmes et de leur monde.

La figure 2 illustre un principe très important : il ne suffit pas d'apporter un soutien pour être soutenant ! Pour agir à titre d'acteur de soutien dans la vie des jeunes et en regard de leur processus de prise de décision de carrière, il faut que ces derniers recherchent et acceptent une certaine proximité, notamment des parents.

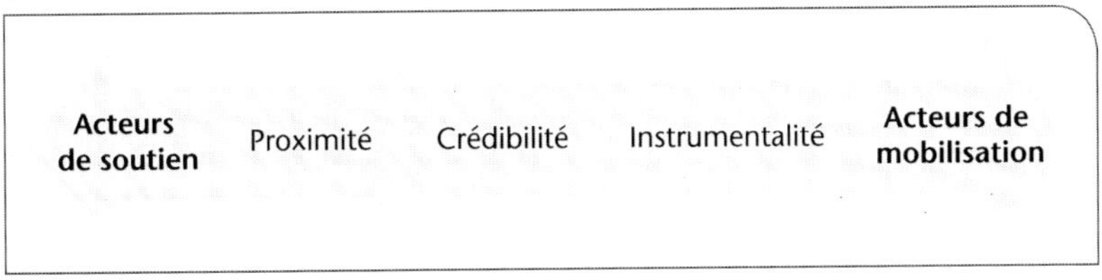

FIGURE 2 : Positionnement des conditions relatives au rôle des relations sociales[87]

La proximité se construit à partir de la connaissance et de la reconnaissance de l'autre à travers son histoire pour en avoir soi-même fait partie (comme parent). Toutefois, la proximité ne suffit pas. Il faut également que les acteurs de soutien, dont les parents, soient crédibles aux yeux de ces jeunes. En matière d'accompagnement à la prise de décision de carrière, cela suggère d'être une personne digne de confiance sur le plan relationnel (ex. : présence et écoute, ouverture à l'autre et au respect de ses différences), ainsi que sur le plan des connaissances, des expériences et des compétences. Pour être crédible, un parent doit être reconnu par le jeune comme apte à comprendre sa réalité, ainsi qu'à présenter un parcours de vie scolaire et professionnel qui facilite sa compréhension des réalités de vie de l'enfant. Cela peut se traduire par l'atteinte d'un certain niveau de scolarité ou tout simplement par des expériences et des difficultés communes traversées par la mère ou le père.

Pour agir à titre d'acteur de mobilisation, il faut aussi que le jeune puisse reconnaitre une certaine crédibilité et instrumentalité au professionnel de l'orientation. En plus d'être compétent et connaissant, ce dernier doit être en mesure de bien comprendre les réalités traversées par le jeune. Plutôt que d'inspirer la honte chez ce dernier en raison de ses difficultés à mener un processus de prise de décision de carrière, il gagnera plutôt à démontrer une ouverture, une empathie fondée certes sur des habiletés relationnelles, mais également à mettre en lumière qu'il a lui aussi traversé des difficultés de vie, notamment de prise de décision de carrière. La crédibilité peut également se présenter autrement, pourvu qu'elle permette de fournir la réassurance nécessaire au jeune pour qu'il se sente accueilli et qu'il s'implique de manière authentique dans la relation. À la crédibilité s'ajoute l'instrumentalité, la marque qui distingue le lien faible entre le jeune et les acteurs de

87. Cournoyer (2008).

mobilisation tels que les professionnels de l'orientation. Il faut que le service de conseil fourni par ces derniers puisse s'avérer utile en regard des attentes de résultats. Le professionnel n'est pas un parent qui est par défaut présent dans la vie de l'enfant depuis sa naissance, ni un ami qu'il a choisi en raison d'affinités et d'intérêts partagés. C'est une ressource professionnelle jugée apte à l'aider à résoudre un problème de vie personnelle, celui de prendre une décision de carrière.

1.6.4. Les compétences relationnelles avant tout

Avant de s'engager dans la recherche d'activités de réflexion et d'exploration de soi, des programmes d'études, des professions ou autres dans le but de faire progresser le processus de prise de décision de carrière d'une personne, il est important avant tout d'établir et de maintenir une relation de confiance avec elle. Il existe différentes catégories de compétences relationnelles qu'appliquent les professionnels de l'orientation dans le cadre de leur pratique. Certaines d'entre elles demandent une formation et une pratique supervisée préalables. Toutefois, d'autres sont non seulement accessibles, mais véritablement suggérées pour les parents souhaitant accompagner leurs enfants dans un processus de prise de décision de carrière, et plus largement dans leur vie. En effet, les compétences relationnelles de base, telles que celles présentées au tableau 3, sont en quelque sorte des ingrédients pour mieux vivre en société.

TABLEAU 3. Compétences relationnelles de base[88]

COMPÉTENCE RELATIONNELLE	DESCRIPTION
Présence et écoute	Manifester sa disponibilité, son écoute et son désir sincère de mieux comprendre l'autre dans l'expression de son vécu subjectif, tant de manière verbale que non verbale, parfois sans même parler.
Empathie	Voir le monde à partir des « lunettes » de la personne devant soi, à partir des références de pensées, d'émotions et de comportements de cette dernière. Faire preuve d'une grande sensibilité en regard de la manière dont la personne module l'expression de son vécu.
Authenticité	Se montrer honnête et congruent dans la communication de ses pensées, de ses émotions et de ses comportements auprès de l'autre, ouvert à reconnaitre et partager ses contradictions, son inconfort ou sa vulnérabilité face à l'autre.

88. La majorité des interventions proposées pour les parents et les professionnels de l'orientation dans le chapitre suivant illustrent de manière pratique et appliquée ces compétences relationnelles de base.

COMPÉTENCE RELATIONNELLE	DESCRIPTION
Respect	Accepter l'autre de façon inconditionnelle, sans jugement. Se laisser porter par une considération positive à l'égard des ressources, du potentiel et des droits de l'autre, ainsi que de ses réalités et de ses enjeux, et ce, même si cela ne rejoint pas notre propre façon de penser, de ressentir et d'agir.
Spécificité	Nommer et faire nommer avec exactitude et précision le vécu subjectif de la personne devant soi. L'amener à mieux s'explorer, se clarifier, se centrer, de manière concrète et précise, sur ce qui est l'expérience juste de ce qui se passe « ici et maintenant ».

Généralement, une formation initiale de niveau universitaire dans un programme spécialisé en orientation accompagnée d'une pratique supervisée est requise pour en assurer une maitrise efficace et aidante, sans préjudice pour les personnes qui recourent à ce type de services. Les professionnels de l'orientation sont à cet égard invités à retourner régulièrement dans leurs ouvrages de références traitant de cette question. Toutefois, dans la mesure où il existe peu d'ouvrages spécialisés sur les pratiques du counseling de carrière, il peut être intéressant d'intégrer à son « coffre à outils » professionnel le document « Les compétences relationnelles en counseling de carrière - Fiches pédagogiques »[89], qui parcourt les compétences relationnelles en contexte de pratique scolaire et d'employabilité. Les parents sont également invités à consulter ce document afin de prendre connaissance et conscience de l'importance de la communication en relation d'aide lorsqu'il s'agit, chez les professionnels de l'orientation, d'accompagner votre enfant dans un souci d'aider ce dernier à développer sa propre compétence à s'orienter.

Dans les chapitres suivants, portant sur les sept profils de prise de décision de carrière, plusieurs types d'intervention sont proposés, autant pour les parents que pour les professionnels de l'orientation. Plusieurs d'entre elles misent de façon prononcée sur l'emploi de compétences relationnelles. Il importe donc de rappeler que ce ne sont pas les activités de réflexion et d'exploration qui font en sorte que les interventions sont efficaces, mais la qualité de la relation d'aide qui les soutient.

89. Cournoyer, Morasse, Droniou, Oligny et Desrosiers (2013).

1.7. SEPT PROFILS DE PRISE DE DÉCISION DE CARRIÈRE

Les chapitres 2 à 8 présentent chacun l'un des sept profils de prise de décision de carrière, issus de la recherche décrite précédemment. Chacun des profils est présenté en quatre sous-sections :

Qu'est-ce qui les caractérise ?	Présentation des dimensions décisionnelles sur lesquelles les jeunes de ce profil se démarquent en regard de l'ensemble des participants à l'étude.
Comment fonctionnent-ils ?	À partir d'extraits d'entretiens de recherche, présentation des pensées, des émotions et des comportements qui participent à leur processus particulier de prise de décision de carrière.
Quels sont leurs besoins ?	En regard de ce qui les caractérise et de comment ils fonctionnent, identification de besoins particuliers d'aide à la prise de décision de carrière.
Comment les aider ?	Proposition d'interventions ajustées aux compétences des parents et des professionnels de l'orientation sur le plan de l'établissement et du maintien d'une relation de confiance avec les jeunes, ainsi que des stratégies variées et originales de mobilisation cognitives et comportementales.

Bien que les interventions proposées aux parents et aux professionnels de l'orientation soient destinées a priori aux jeunes appartenant à un profil spécifique, il est possible, sans risque de préjudice, d'en faire usage pour ceux d'un autre profil si cela est jugé pertinent. Par contre, les parents sont invités à ne pas s'engager dans des interventions destinées aux professionnels de l'orientation, car au-delà de ce qui est suggéré dans ce livre, une quantité notable de connaissances et de compétences sous-jacentes sont normalement attendues pour que ces interventions soient conduites avec succès.

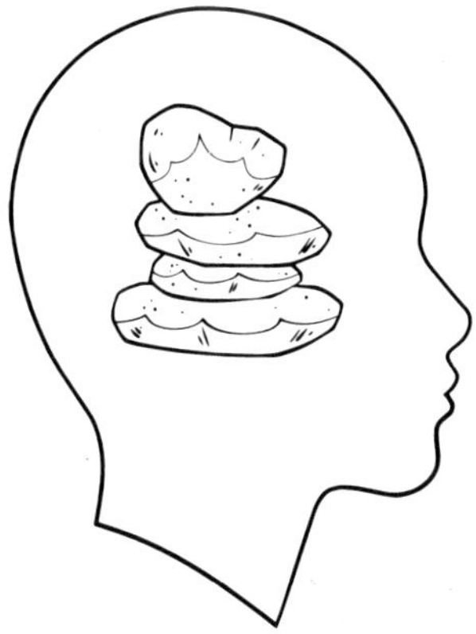

CHAPITRE 2

LES AUTHENTIQUES

Les authentiques sont représentés par un inukshuk, soit un empilement de pierres utilisées pour repérer des endroits spécifiques. À cet égard, les authentiques ont leur propre façon d'empiler, d'organiser et de se représenter les savoirs qu'ils acquièrent en vue d'une prise de décision de carrière éclairée.

QU'EST-CE QUI LES CARACTÉRISE ?

Les authentiques se distinguent des autres profils sur 3 des 12 dimensions.

	TRAITEMENT D'INFORMATION	
Holistique	À quel point la personne analyse et traite l'information en fonction de ses caractéristiques.	**Analytique**
	CONSULTATION DES AUTRES	
Rare	À quel point la personne a besoin de consulter autrui durant les différentes étapes du processus décisionnel.	**Fréquente**
	VOLONTÉ DE COMPROMIS	
Faible	À quel point la personne est ouverte aux options et solutions de rechange et à faire des compromis lorsqu'elle fait face à des difficultés.	**Élevée**

▸▸ COMMENT FONCTIONNENT-ILS ?

Les extraits rapportés pour ce profil ainsi que pour les suivants sont ceux recueillis directement lors des entretiens réalisés auprès d'élèves de chacun des profils. Les prénoms utilisés sont fictifs afin de préserver l'anonymat des participants.

Les **authentiques** recherchent la congruence entre ce qu'ils connaissent d'eux-mêmes et ce qui s'offre à eux. Ils évaluent le contenu des programmes d'études, des professions et des secteurs d'activités, puis leurs perspectives à court et à moyen terme: « 1) vérifier si le domaine me convient; 2) vérifier si je suis sûr d'avoir un emploi; 3) me renseigner davantage sur le domaine, mais voir aussi si ça correspond bien à mes ambitions personnelles. » (Léo). Ces jeunes souhaitent tout autant satisfaire leurs besoins et leurs intérêts dans un programme d'études et ultérieurement, dans une carrière qui leur ressemble. Ils désirent également que cette dernière leur permette de satisfaire des besoins plus larges, tels que celui de fonder une famille, de voyager et d'avoir des conditions de vie à la hauteur de leurs aspirations. À force d'explorer, de comparer, de peser les pour et les contre, de tester des hypothèses, ils cherchent à réduire l'écart d'incertitude entre ce qu'ils connaissent et ce qui pourrait être mieux connu: «Souvent, je pense aimer quelque chose, puis pour être sûr, je me questionne sur les raisons qui feraient que j'aimerais ça, sur mes forces et mes faiblesses.» (Nolan). Leur prise de décision se fonde sur ce qui leur apparait logique (caractéristiques personnelles, options disponibles, besoins et aspirations à satisfaire), en continuité avec leur histoire de vie (ce que j'ai fait et que je fais me rassure sur ce que je pourrais faire). Elle est aussi rattachée à des expériences de réussite (j'ai déjà expérimenté ceci, j'ai reçu de bonnes rétroactions et je me sens bien ou bon).

Ces jeunes sont très ouverts dans leur consultation des autres. Pour eux, les autres sont des sources d'information tout aussi importantes, pertinentes et rassurantes que celles d'ordre documentaire. Consulter les autres fait partie de leur processus décisionnel. Ils posent des questions à autrui ou engagent des réflexions pour obtenir des opinions, des conseils, des avis: «J'ai toujours tendance à consulter des gens. J'ai l'instinct d'aller voir les personnes en qui j'ai confiance pour prendre une décision.» (Audrey). Les diverses catégories de personnes constituent pour eux différentes catégories de réponse à leurs besoins: «Tous n'ont pas le même point de vue. C'est l'fun d'avoir plusieurs visions.» (Catherine). Les authentiques consultent leurs parents et leurs amis lorsqu'ils se sentent en confiance à leur égard, surtout parce que ces derniers les connaissent et qu'il est possible d'avoir des discussions ouvertes avec eux. Dans tous les cas, ils savent qu'ils seront respectés dans leur décision. De leur côté, les conseillers d'orientation, les membres du personnel scolaire (professionnels, enseignants) ou encore les personnes exerçant la profession considérée doivent inspirer confiance et être disponibles, mais leur fonction en est une davantage d'expertise, de connaissances et d'informations ne pouvant être acquises au sein du réseau immédiat. Ils offrent aussi de nouvelles occasions de réflexion sur soi, sur les possibilités: «J'aime parler à des gens qui sont plus âgés et qui ont de l'expérience. Je peux ainsi savoir ce qu'ils ont fait et les erreurs qu'ils ont appris à éviter. Donc, je vais voir des gens qui ont exercé un emploi dans le domaine, qui peuvent décrire avec justesse la manière avec laquelle ça se passe et ce qu'il faut pour poursuivre une telle carrière.» (Léo). À la différence des ressources documentaires, les contacts humains permettent à la personne d'être écoutée dans son incertitude, ses peurs et ses doutes, en plus de se faire rassurer: «Je suis insécure parce que j'ai peur d'échouer ou de ne pas aimer ça. Donc, j'échange avec les autres, pour avoir de l'aide et des conseils.» (Alexandra).

Les jeunes présentant un profil de type «authentique» sont ouverts aux changements, aux mouvements de la vie. Ils sont donc prêts à considérer d'autres avenues lorsque leur première idée ne fonctionne pas. Ils planifient, organisent leurs démarches et structurent leur décision, mais ils restent flexibles face aux imprévus de la vie. Le sens accordé à la notion de compromis en est un d'ajustement stratégique et non de renoncement ou de repli sur soi: «Si je ne suis pas prise dans mon premier choix, je ne vais pas rester là à rien faire et à attendre. C'est sûr que je vais essayer de faire des démarches pour être admise dans un autre programme, dans un deuxième choix, afin de pouvoir aller au cégep. J'aime mieux aller de l'avant.» (Alexandra). Ils envisagent de persévérer dans l'atteinte de leur objectif premier, mais pas de s'acharner: «Si je ne suis pas acceptée, je peux décider de travailler plus fort pour y revenir, mais sinon je devrai me l'enlever de la tête et aller vers autre chose.» (Sabrina). Ils ont confiance qu'il est possible de rebondir de plusieurs manières, d'atteindre le bonheur en plus d'un temps. Les authentiques affichent une approche centrée sur leur potentialité, qui mise sur des actions de recueil, d'échange et de traitement d'information orientées vers le sens, la congruence et la recherche de satisfactions.

QUELS SONT LEURS BESOINS?

Les authentiques semblent avoir développé leurs propres méthodes de recueil, de traitement et d'évaluation des informations à propos d'eux-mêmes, ainsi que des programmes d'études et des professions qui leur sont accessibles. Toutefois, dans l'éventualité où les authentiques n'arrivent pas, malgré toute cette panoplie de démarches, à décider d'une carrière, il pourrait être intéressant d'examiner leur processus décisionnel. Bien que l'on puisse constater que l'authentique est passablement rigoureux, exhaustif et déterminé, rien n'assure pour autant que sa façon de procéder est efficace. Le cas échéant, cette personne pourrait grandement bénéficier de l'acquisition, par un professionnel de l'orientation, de connaissances relatives à des méthodes ou des modèles de choix de carrière reconnus par les écrits scientifiques et professionnels en développement de carrière.

Cela pourrait lui permettre d'avoir une meilleure vue d'ensemble de son processus et des informations accumulées sur elle ainsi que sur les options de carrière. Elle pourrait ainsi entrevoir différents scénarios plus éclairés et stratégiques (ex. : un scénario C impliquant des études dans un domaine particulier afin d'augmenter ses notes pour mieux revenir vers des études liées au scénario A).

Il est également possible de croire que des doutes, des craintes, des peurs puissent subsister pour certains authentiques, ce qui pourrait alimenter un certain état d'hésitation, de confusion ou de flou sur le plan des pensées, des émotions et des actions liées à leurs démarches. En connaissant mieux ce qui peut influencer, voire contaminer le processus décisionnel des authentiques, il devient alors possible d'intervenir directement là où se trouve le problème décisionnel.

COMMENT LES AIDER ?

En tant que parent...

RENFORCER LE POSITIF, RECADRER LES PEURS ET DOUTES POSSIBLES

En échangeant sur les démarches de votre enfant, sur ses réflexions, ses constats, sur le sens qu'il souhaite donner à sa vie professionnelle, vous avez là une occasion d'offrir des rétroactions positives à ce dernier. Très souvent, bien que l'on soit confiant, voire certain par rapport à ce que l'on est et ce que l'on veut, le fait d'avoir une personne près de nous qui partage le même point de vue est très validant. Ces rétroactions participent aussi à la construction d'un lien de confiance et d'un sentiment de présence, d'écoute et de disponibilité, qui peuvent rendre l'enfant plus à l'aise de s'ouvrir sur de possibles doutes et questionnements persistants.

Tranquillement, graduellement, vous pourrez aborder ces éléments de peur, de doute, de confusion, d'hésitation, etc. Vous devez comprendre ici l'importance de ne pas attaquer de front les enjeux problématiques avec votre enfant, que l'établissement et le maintien d'une relation de confiance, d'ouverture et d'empathie sont primordiaux à l'avancée des discussions vers des zones plus sensibles... même pour un jeune au profil authentique.

Donc, une fois que vous avez cette confiance, vous pouvez aborder des questions telles que :

- Qu'est-ce qui te fait peur ? (ou De quoi as-tu peur ?)
- Qu'est-ce que tu crains qu'il arrive si tu prenais ta décision maintenant ?
- Qu'est-ce qui demeure incertain, flou, ambigu à ce moment-ci ?
- En quoi cela te fait-il peur ?

Écoutez bien leurs réponses, et ne tentez surtout pas de fournir des solutions ou des explications de votre cru. Restez en mode d'écoute. Acceptez d'entendre votre enfant dans son état de questionnement, voire dans certains cas, d'impuissance. Si vous le pouvez, prenez le temps de lui refléter ce que vous entendez, comprenez, ressentez de ses explications... En fonction de son point de vue (et non du vôtre). Si vous réussissez à demeurer dans cet état d'ouverture sur l'expérience subjective de votre enfant (pensées, émotions, actions), vous serez alors en mesure de l'aider à recadrer certaines de ses croyances erronées, s'il y a lieu :

- Sur quoi te bases-tu pour dire que tels programmes d'études, professions, secteurs d'activités sont comme ceci ou comme cela ?
- Est-ce qu'il serait possible de voir cela autrement, de faire autrement ?
- Est-ce qu'il y a des choses que tu pourrais vérifier avant de prendre ces informations pour acquis ?

Vous voyez ici que l'intention est d'aider votre enfant à recadrer, s'il y a lieu, des croyances à partir de faits dûment validés, à travers une relation ouverte, accueillante et invitant au dialogue.

S'INSPIRER DES AUTRES POUR BONIFIER SON AUTONOMIE

L'une des difficultés possibles, s'il en est une chez les authentiques, est d'avoir développé une méthode de prise de décision de carrière qui ne semble pas aboutir à une décision éclairée. Est-ce en raison du manque d'étapes rigoureuses et méthodiques ? Est-ce parce que les informations nécessaires ne sont pas toutes présentes comme il le faudrait ? Est-ce qu'il y a plutôt des contaminants (peurs, doutes, croyances erronées, etc.) qui émergent à l'une ou l'autre de ces étapes de traitement d'information à propos d'eux en relation avec leur environnement ? Tout est possible.

Une dimension intéressante du profil des authentiques est qu'ils sont ouverts à la consultation des autres, sans pourtant en être dépendants. Donc, dans la mesure où ils sont aptes à assumer de manière autonome et responsable leur processus, pourquoi alors ne pas tirer profit de ces ressources significatives que représentent « les autres » ? Nous vous proposons une intervention en quatre phases.

Première phase

Il s'agit ici d'encourager son enfant à mener une enquête, auprès de vous-mêmes, ses parents, d'autres membres de la famille régulièrement fréquentés (fratrie, cousines, cousins, tantes, oncles, grands-parents), amis et connaissances, membres du personnel scolaire enseignant et professionnel, ainsi que toute autre personne jugée pertinente à l'exercice. Essentiellement, l'objectif est de comprendre quels sont les « raisonnements logiques » qui ont guidé ces personnes lors de prises de décision (pas uniquement de carrière) tout au long de leur existence. Donc, invitez votre enfant à aborder des questions pouvant s'appliquer à toute forme de prise de décision, dont évidemment celle de carrière, avec chacune de ces personnes. Par exemple :

- Quelles sont les **décisions** les plus importantes que tu as prises dans ta vie, à ce jour ? (Une fois que l'on termine avec une, l'enfant peut demander s'il y en a d'autres et refaire l'exercice) ;
- Comme il s'agissait d'une prise de décision importante, qu'il y avait donc au départ un questionnement à avoir, comment te rappelles-tu avoir **procédé** pour passer d'un état de « Je ne sais pas du tout » à un état de « Maintenant, je sais clairement » ?
- Quels sont les types d'**information** dont tu avais besoin pour prendre cette décision ? Comment as-tu fait pour les recueillir ? Qu'as-tu fait par la suite avec ces informations, comment les as-tu utilisées dans ta prise de décision ?
- Est-ce que tu te rappelles avoir vécu des **moments difficiles**, des hésitations, des doutes, des peurs ? As-tu eu peur de te tromper ou d'assumer ce qui allait se passer si tu prenais cette décision plutôt qu'une autre ? Qu'est-ce qui se passait pour toi à ce moment ? Comment en es-tu venu à prendre une décision quand même, malgré ces tourments ?
- Au final, **pourquoi** considères-tu qu'il s'agissait d'une bonne décision selon toi ? Si c'était à refaire, est-ce que tu ferais la même chose ? Est-ce que tu t'y prendrais de la même façon ?

Évidemment, ces questions doivent être adaptées au langage qu'utilise la personne authentique avec son environnement social. L'idée à ce moment-ci est d'inviter votre enfant à recueillir – et c'est là que vous pouvez l'aider à se structurer – des informations organisées, suffisamment exhaustives et spécifiques. Vous pouvez utiliser un carnet de notes pour justement inscrire les informations recueillies. Voici un exemple.

PERSONNE SIGNIFICATIVE	(PRÉNOM)
Décision prise	*(Nommer la décision abordée)*
Méthodes appliquées	*(Mots-clés, expressions descriptives sommaires)*
Informations requises	*(Mots-clés, expressions descriptives sommaires)*
Moments difficiles	*(Mots-clés, expressions descriptives sommaires)*
Pourquoi est-ce une bonne décision ?	*(Mots-clés, expressions descriptives sommaires)*

Deuxième phase

Après avoir rencontré un minimum de trois à quatre personnes différentes, il est maintenant temps d'échanger sur ce qui a été recueilli de manière à bien l'analyser avec votre enfant. Pour ce faire, installez-vous à un endroit où il est possible d'étaler les notes sur une table (ex. : cuisine, salon, ou dans un café). Globalement, il s'agit de réfléchir, d'échanger, d'intégrer l'expérience d'enquête et d'amener votre enfant à l'associer à sa propre situation.

- Qu'est-ce que je pense de la manière dont chacune de ces personnes a procédé pour prendre sa décision ? Est-ce que certaines façons de faire m'apparaissent meilleures que d'autres ? Si oui, pourquoi ? Qu'est-ce qui semble guider ces gens dans leurs décisions ? Est-ce que je m'associe davantage à la façon de faire de certaines personnes plutôt que d'autres ? Pourquoi ?
- Quels sont les types d'information qu'il semble important d'obtenir pour prendre une décision plus éclairée, plus solide ? Comment les obtient-on, auprès de qui, par quels moyens ? Une fois qu'elles ont eu accès à ces informations, comment ces personnes semblent-elles avoir procédé pour bien les utiliser ?
- Quelles sont les difficultés que l'on peut rencontrer dans un processus de prise de décision ? Quels états émotifs peuvent parfois nous influencer, nous empêcher d'agir librement ? Comment ces personnes semblent-elles avoir réussi à se donner les moyens pour passer à travers ?

Demandez ensuite à votre enfant de noter cinq choses qu'il a retenues, apprises, de toutes ces rencontres par rapport aux différentes façons de prendre une décision, d'obtenir et de traiter les informations pertinentes et de traverser les difficultés en cours de route.

Troisième phase

Amenez votre enfant à se questionner lui-même sur son propre processus décisionnel. En débutant par une enquête auprès d'autres personnes et un retour parent-enfant sur la manière dont peuvent être prises des décisions importantes, il a pu constater qu'il existait plusieurs façons différentes de prendre une décision en regard de personnalités et de contextes différents. Donc, en tant que parent, vous pouvez exercer le rôle qu'a joué votre enfant lors de son enquête auprès des autres, c'est-à-dire en l'interrogeant et en inscrivant les informations obtenues dans le même carnet de notes.

	(PRÉNOM DE L'ENFANT)
Décision	*(Nommer la décision abordée)*
Méthodes appliquées	*(Mots-clés, expressions descriptives sommaires)*
Informations requises	*(Mots-clés, expressions descriptives sommaires)*
Moments difficiles	*(Mots-clés, expressions descriptives sommaires)*
Pourquoi est-ce que je n'arrive pas encore à prendre ma décision ?	*(Mots-clés, expressions descriptives sommaires)*

Vous pouvez constater qu'à la dernière ligne, la question est maintenant « Pourquoi est-ce que je n'arrive pas encore à prendre ma décision ? ». Prenez ensuite du temps pour échanger sur ce qui se dégage de l'enquête auprès de votre enfant, en vous assurant de bien préciser les éléments liés aux méthodes appliquées, aux informations requises et aux moments difficiles.

Quatrième phase

Comment les autres auraient procédé s'ils avaient eu une décision à prendre comme la leur? En regard de ce que votre enfant a pu apprendre des autres quant à leur façon de procéder, de recueillir et de traiter de l'information, de traverser les moments de doute, de peur et d'hésitation qui accompagnent les décisions vraiment difficiles, qu'est-ce qu'il pourrait utiliser de nouveau par rapport à ce qu'il a essayé jusqu'à maintenant?

Évidemment, cet exercice ne vise pas à assurer qu'à la fin de la quatrième phase, une décision de carrière soit prise sur-le-champ, sans difficulté. Il vise plutôt à identifier les ressources des autres afin de voir comment celles-ci pourraient contribuer à aider votre enfant à franchir ses propres limites et à prendre conscience de ses propres démarches. Bien entendu, cela ne décharge pas votre enfant de poursuivre son processus de prise de décision, mais de manière plus inspirée et nuancée.

EXPLORER SES DIFFICULTÉS DÉCISIONNELLES

S'il est difficile d'aborder par vous-même des enjeux décisionnels problématiques avec votre enfant, vous pourriez utiliser un «outil» exploratoire. Celui-ci vous permettrait de ne pas être directement associé à la formulation de problèmes possibles, mais plutôt d'être observateur et analyste de ceux-ci, avec votre enfant.

Invitez votre enfant à se positionner entre 0 à 10 sur chacune des questions qui suivent. Profitez-en pour approfondir ensemble en quoi cela peut constituer ou non une dimension partiellement ou grandement problématique à ce moment-ci. Discutez-en, écoutez votre enfant, aidez-le par des questions de votre cru à bien réfléchir à chacune de ces questions. Au besoin, vous pouvez – selon la nature de votre relation – amener certaines impressions que vous avez et les soumettre à l'analyse et la validation de votre enfant. Ces questions visent à amener votre enfant à poser un jugement à l'endroit de lui-même en regard de l'importance de certaines facettes importantes pour une prise de décision éclairée.

- Juges-tu être motivé à entreprendre une démarche de prise de décision de carrière?
- Juges-tu bien connaitre tes intérêts, tes valeurs, tes habiletés, bref, tout ce qui pourrait constituer des éléments importants pour prendre une décision de carrière éclairée?
- Juges-tu bien connaitre les options de carrière disponibles pour toi sur le marché du travail?
- Juges-tu bien connaitre les ressources et les moyens de recueillir des informations sur les études, les professions et le marché du travail?
- Juges-tu bien connaitre les étapes, les moyens ou la méthode à suivre pour prendre une décision de carrière éclairée?

- Juges-tu possible d'avoir une conception plus ou moins exacte de toi-même, de tes intérêts, de tes valeurs, de tes habiletés et de tes traits de personnalité ?
- Juges-tu pouvoir appuyer – par des faits – tes croyances à l'égard de qui tu es et de ce que tu penses des professions et du marché du travail ?
- Juges-tu fréquemment hésiter ou douter de ce qui est le plus important pour toi à retrouver dans une carrière ?
- Juges-tu important de choisir un programme d'études ou une profession qui te fera bien paraitre socialement ?

En explorant quelque peu l'évaluation de soi fournie par le jeune sur chacune de ces dimensions, cela peut vous donner des idées des éléments sur lesquels vous devriez investir plus d'efforts et d'énergie, soit par vous-même (parent, enfant) ou avec l'aide d'un professionnel de l'orientation.

En tant que professionnel de l'orientation...

ADOPTER UNE POSTURE « RESSOURCE DE SERVICE »

Les authentiques misent sur des actions de recueil, d'échange et de traitement d'information orientées vers le sens, la congruence et la recherche de satisfactions. À cet égard, en tant que professionnel de l'orientation, vous pouvez d'abord vous placer dans une posture de « ressource de service », afin de revoir avec la personne les détails de son plan d'action à partir de questionnements simples, mais progressifs :

- Quelles sont jusqu'à maintenant les réflexions que tu as eues par rapport à ta décision de carrière ?
- Quels sont les programmes d'études, les professions et les secteurs d'activités auxquels tu as pensé ? Et pourquoi ceux-ci plutôt que d'autres ?
- Quelles actions as-tu menées jusqu'à présent pour avancer dans tes réflexions ?
- Qui sont les gens que tu as rencontrés, quelles sont les sources que tu as consultées ?
- Pourquoi ces actions sont-elles importantes pour toi ?
- Quelles parties de toi t'apparaissent les plus importantes et essentielles d'exprimer dans une carrière ?
- Qu'est-ce qui t'apparait efficace jusqu'à présent ? Qu'est-ce qui te manque, à ton avis, pour l'instant ? Comment t'expliques-tu cela ?

Les réponses à ces questions ne sont pas seulement importantes pour faciliter le travail du professionnel de l'orientation, mais également pour permettre à la personne qui consulte de s'entendre répondre à celles-ci. L'idée est de reconnaitre l'autonomie de cette personne, de lui laisser la marge de liberté avec laquelle elle fonctionne bien, par la présence et l'écoute. Vous pouvez lui poser de brèves questions exploratoires: « C'est-à-dire... ? » et de clarification: « Que veux-tu dire par... ? », de même que des reflets empathiques: « Si je comprends bien, tu penses, tu as l'impression, tu ressens... ? ». Il s'agit également d'amener la personne à bien évaluer l'importance et la pertinence de ses actions en regard des objectifs qu'elle poursuit.

PRIORISER UNE INTERVENTION « PIT-STOP »

Dans les courses automobiles, les bolides réalisent plusieurs dizaines de tours de piste avant d'avoir besoin de revenir aux puits pour faire le plein et ajuster leurs paramètres. Il en va de même pour les authentiques. Ces derniers ne sont ni en crise, ni à risque, ni dans l'urgence. En tant que professionnel, vous avez tout simplement à démontrer aux authentiques que vous êtes présents « au cas où se présenterait le besoin », puis de temps à autre, de les rencontrer afin de les aider à « faire le plein et les ajustements requis pour mieux relancer leur course ! ».

EMPLOYER UNE APPROCHE PSYCHOMÉTRIQUE ORIENTÉE SUR L'IMAGE, LA CONFIANCE ET L'ESTIME DE SOI

Au besoin, il peut être intéressant de considérer l'usage d'un outil psychométrique. Plutôt que d'employer un outil visant à déterminer un profil d'intérêts ou de valeurs de travail en vue d'un appariement avec des possibilités d'études ou de professions, vous pourriez choisir un instrument psychométrique misant davantage sur l'image, la confiance ou l'estime de soi. Dans la mesure où l'authentique est ouvert aux différentes catégories de démarches et à la consultation des autres, cela peut permettre d'échanger sur sa représentation de lui-même et du monde en général, puis de là, en lien spécifiquement avec la carrière. Un professionnel de l'orientation saura à cet égard faire un choix judicieux parmi l'offre des différents éditeurs de ces outils.

S'ÉCLAIRER ENSEMBLE SUR LES VOIES DE LA MOTIVATION

La motivation est à l'origine du déclenchement et du maintien de tout comportement[90]. Elle s'opère à travers un sentiment plus ou moins établi de liberté, de créativité, de plénitude et de confiance envers nous-mêmes et envers le monde qui nous entoure[91]. Donc, qu'est-ce qui motive la prise en compte de certaines options de carrière, sinon le maintien de certaines hésitations chez les authentiques ? Les authentiques, rappelons-le, se caractérisent par un traitement d'information analytique (aigu, détaillé, minutieux), une consultation des autres fréquente (ouverte, constante, intéressée) et une volonté élevée de compromis. Le jeune appartenant à ce profil qui se présente auprès d'un professionnel de l'orientation avec une situation d'indécision, de doute ou d'hésitation par rapport à une décision de carrière possède en quelque sorte ces trois ressources personnelles.

Voici un plan d'accompagnement possible des authentiques vers l'évaluation des motivations sous-jacentes aux projets qu'ils considèrent, mais qui demeurent pour l'instant incertains, sinon sources d'hésitation. À travers cette démarche, le professionnel de l'orientation aidera le jeune à mener des actions éclairées, notamment par une connaissance et une conscience approfondies de ses motivations.

Première étape : se mettre à niveau et partager un point de vue commun sur le concept de motivation et de ses déclinaisons possibles.

Prenez connaissance du tableau 4 et assurez-vous, en tant que professionnel de l'orientation, de distinguer les différents types de motivation dans un contexte de prise de décision de carrière[92]. Invitez ensuite la personne à prendre connaissance de ce même tableau, particulièrement des quatre modes de régulation associés à la motivation extrinsèque.

90. Cournoyer (2016a).
91. Collectif Savoirs et rapport au savoir (2003).
92. Au besoin, consultez Cournoyer (2016b).

TABLEAU 4. Description et illustration de quatre modalités de régulation de la motivation extrinsèque et d'une motivation intrinsèque

MOTIVATION EXTRINSÈQUE	**Régulation externe**	Guidée par la recherche de récompenses et l'évitement de punitions : « Je cherche un programme d'études ou une profession à partir de ce que je perçois comme « le plus », « le mieux » selon les standards de la société ou de mon environnement social, quelque chose d'extérieur qui puisse nourrir mes manques et effacer mes peurs d'être « juste » comme je suis. »
	Régulation introjectée	Guidée par l'adoption inconsciente d'attitudes, de comportements, de valeurs, de réactions (fierté, honte, culpabilité) liées à des personnes ou à des groupes significatifs ou des évènements marquants : « Je dois m'engager dans mon processus de prise de décision de carrière, il le faut, sans quoi on pourrait me qualifier de paresseux, d'incapable ; il faut que je sois... (bon, fort, acceptable) ! »
	Régulation identifiée	Guidée par une action ou une valeur jugée utile : « Je suis prêt à sacrifier une partie de mes intérêts pour un programme d'études ou une profession, si cela me permet de combler les autres aspects de ma vie qui comptent le plus : propriété résidentielle, famille, enfants, conditions économiques, statut dans mon milieu et ma communauté, etc. »
	Régulation intégrée	Guidée par l'adoption volontaire d'attitudes et de comportements conformes à son identité, à ses buts et à ses ambitions à long terme. : « Je suis prêt à entreprendre – à court terme – des études ou une profession qui ne correspond pas vraiment à qui je suis et ce que je veux être, « si » cela peut constituer un moyen pour être – à plus long terme – qui je suis foncièrement, d'être alors pleinement heureux et cohérent. »
MOTIVATION INTRINSÈQUE		Guidée par la recherche de sens et de plaisir à l'égard d'activités permettant d'assouvir un besoin d'expression de soi (être et faire), sans attente de récompense externe : « Mes intérêts et mes ambitions, ce que je suis, ce que je veux continuer d'être, toute ma vie, sont tellement congruents que je me sens mobilisé, porté (sans pour autant avoir peur) à mettre en œuvre des actions, à gérer et à franchir les difficultés afin d'atteindre mes objectifs à travers un programme d'études ou une profession. »

Maintenant, avant d'entreprendre l'étape suivante, vous pouvez essayer ensemble de dégager d'autres illustrations de ces types de motivation, notamment en examinant la manière dont les amis et les connaissances des authentiques semblent avoir procédé selon eux. Il est aussi possible d'examiner quelles motivations semblent guider leurs parents et les membres de leur famille élargie ou d'autres adultes et personnes qu'ils connaissent. L'important est de pouvoir le mieux possible s'approprier concrètement et avec les nuances conceptuelles requises, les différents types de motivation.

Deuxième étape: échanger ouvertement et globalement pour travailler sur «ce qui bloque» dans le processus de prise de décision de carrière.

Dégagez les quelques options de carrière qui s'affrontent chez l'authentique, ou encore les enjeux multiples au sein d'une même option (incertaine) de carrière. Avant d'aller plus loin, assurez-vous d'être suffisamment investi dans votre alliance de travail avec la personne afin de lui permettre d'oser se présenter authentiquement comme une personne en situation de confusion, de doute, d'égarement. Une fois cela établi, il est alors possible d'aborder les options en cause:

- Qu'est-ce que tu retrouves comme motivation intrinsèque dans ce projet?
- Qu'est-ce que tu retrouves comme motivation extrinsèque dans ce projet?

Il importe de souligner à la personne qu'il est normal d'avoir une part de motivations intrinsèques et extrinsèques au sein d'une même option de carrière. L'important est d'abord de les identifier pour ensuite mieux se comprendre et mieux agir.

S'il y a présence de motivations extrinsèques, il importe bien sûr d'identifier de quel type de régulation il s'agit:

- Lorsque tu mentionnes la présence de motivations extrinsèques, de laquelle ou desquelles s'agit-il plus particulièrement et pourquoi?
- Qu'est-ce que cette option porte pour toi comme régulation externe?
- Qu'est-ce que cette option porte pour toi comme régulation introjectée?
- Qu'est-ce que cette option porte pour toi comme régulation identifiée?
- Qu'est-ce que cette option porte pour toi comme régulation intégrée?

Comme nous n'intervenons pas ici auprès de spécialistes universitaires de la motivation, il est bon de constamment revenir sur les définitions et le sens que nous avons établi.

Troisième étape: se comprendre et s'assumer.

Selon la situation de la personne à ce moment de sa vie, en regard de différents enjeux et contextes, c'est à elle de juger de ce qui est acceptable ou non. Donc, si cette dernière souhaite poursuivre des études et une carrière fondées à ce moment-ci sur des modalités de régulation externe, elle est libre de le faire. Il en va de même pour toutes les autres modalités de régulation. L'important à cette dernière étape est qu'elle se reconnaisse sur le plan de ses motivations et s'assume dans ses décisions.

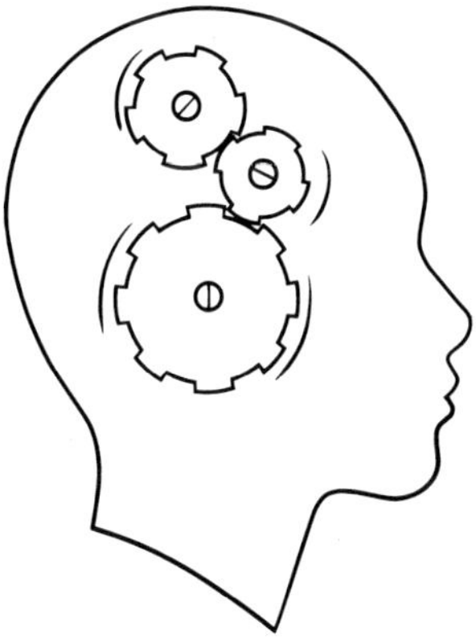

CHAPITRE 3

LES RATIONNELS

Les rationnels sont représentés par un mécanisme d'engrenage de pièces, de formes et de natures différentes, au sein d'un mouvement global. À cet égard, les rationnels opèrent leur prise de décision de carrière de manière structurée, bien orchestrée dans un mouvement axé sur la rigueur et l'efficience.

QU'EST-CE QUI LES CARACTÉRISE ?

Les rationnels se distinguent des autres profils sur 8 des 12 dimensions.

	CUEILLETTE D'INFORMATION	
Minimale	À quel point la personne cherche et organise des informations de façon méticuleuse.	**Compréhensible**
	TRAITEMENT D'INFORMATION	
Holistique	À quel point la personne analyse et traite l'information en fonction de ses caractéristiques.	**Analytique**
	EFFORTS INVESTIS DANS LE PROCESSUS	
Peu	Le niveau de temps et d'effort mental investis par la personne dans le processus de prise de décision.	**Beaucoup**

Lente	**RAPIDITÉ DE PRISE DE DÉCISION** Le temps dont a besoin la personne pour prendre sa décision finale après que la collecte d'information soit terminée.	**Rapide**
Rare	**CONSULTATION DES AUTRES** À quel point la personne a besoin de consulter autrui durant les différentes étapes du processus décisionnel.	Fréquente
Faible	**DÉPENDANCE ENVERS LES AUTRES** À quel point la personne prend l'entière responsabilité de la prise de décision (même en consultant autrui), par opposition à l'attente qu'une autre personne prenne la responsabilité de la décision.	Élevée
Faible	**DÉSIR DE FAIRE PLAISIR AUX AUTRES** À quel point la personne tente de satisfaire les attentes des personnes qui lui sont significatives.	Élevé
Faible	**ASPIRATION À L'ÉGARD D'UNE PROFESSION IDÉALE** À quel point la personne cherche une profession idéale en tout point pour elle.	**Élevée**

COMMENT FONCTIONNENT-ILS ?

Les **rationnels** ont une approche très rigoureuse, exhaustive et systématique pour mener une prise de décision de carrière. Leurs actions sont nombreuses et stratégiques. Ils sont continuellement en train de réévaluer qui ils sont en regard de chacune des options considérées.

Le recueil d'informations des rationnels est certainement le plus méticuleux, organisé, exhaustif et diversifié de tous les profils: «Je vais essayer d'aller chercher ce qu'on ne voit pas dans nos cours.» (Gabriel). Ils comparent et analysent une masse importante d'informations, tant écrites (documents, sites Internet) que visuelles (vidéos, photos) afin de se représenter le mieux possible toute profession jugée intéressante.

Progressifs et stratégiques, les rationnels définissent au départ les types de tâches et de conditions qui les intéressent afin d'engager une recherche d'informations leur permettant de confirmer leurs hypothèses à savoir si telle profession ou tel programme est effectivement intéressant, inspirant et profitable ou non pour eux. S'enchainent des analyses de pour et de contre, de pondération: «J'analyse tout, autant ce qui est propre au programme d'études que tout ce qui s'offre d'autre au cégep. Par exemple, les infrastructures pour la gym, la piscine ou les autres choses qui pourraient m'intéresser. (...) Je m'informe, j'analyse, puis j'évalue. » (Camille). Tout cela entraine une sorte de processus en boucle continue où, à partir d'une connaissance de soi donnée, le traitement d'information engendre une nouvelle perspective de ce que l'on aime, de ce qu'on se reconnait comme capacités, ainsi que de la valeur positive ou négative pour soi de telle ou telle option, et cela se poursuit.

Les rationnels tendent à investir beaucoup d'efforts dans leur processus, tout au long de celui-ci et de manière plus soutenue à l'approche du moment de décider de la suite de leur parcours postsecondaire. Ils voient à mieux se préparer, tant par rapport aux démarches de collecte et de traitement d'informations scolaires et professionnelles, qu'en regard de stratégies sur le plan de la réussite scolaire: «J'essaie d'améliorer mes notes, car je sais que ça va devenir plus difficile, plus demandant. Je prépare le terrain afin d'être prêt et me donner les atouts pour réussir. » (Gabriel). Tous ces efforts ont pour but de réduire le plus possible l'écart pouvant subsister entre un état de confusion, de doute, d'impasse versus celui de clarté, de confiance et de certitude: «Je me pose beaucoup de questions par rapport à moi, ce que je veux faire et ce qui me ressemble. (...) Si je n'avais pas fait tout ça, toutes ces rencontres et ces questionnaires pour savoir ce que je veux faire, je serais encore perdu. » (Maxime). Les rationnels sont, de tous les profils, les plus enclins à la rapidité de prise de décision: «Je vais passer un ou deux jours à réfléchir, après ça, ma décision sera prise. » (Jessica). À l'instar des autres sphères de leur vie, ils arrêtent d'abord une décision, puis ils essaient de la valider.

Les rationnels sont très peu disposés à consulter les autres. Le plus souvent, ils se méfient de l'interférence que cela pourrait avoir sur leur processus décisionnel, et ce, même lorsqu'il s'agit de membres de leur famille: «Je n'aime pas demander de l'aide à quelqu'un, surtout aux personnes de ma famille, qui ne me connaissent pas autant que je me connais. » (Olivier). Ils sont portés à exclure toute ingérence extérieure à la conduite de leur processus de décision de carrière: « C'est toi le pion, c'est toi qui vas choisir, pas les autres. C'est ta responsabilité. » (Émilie). Le raisonnement est le suivant: l'autre n'est pas soi! Il y a d'abord une croyance voulant que l'autre ne puisse porter fidèlement ce que l'on peut penser et ressentir par rapport à soi et en regard des options de carrière pertinentes pour soi. Il y a aussi fréquemment la conviction de responsabilité individuelle à porter dans l'avenir en regard des conséquences découlant des décisions présentes. Cela vient du fait que les rationnels n'excluent pas nécessairement totalement les autres, « mais » tiennent fermement au contrôle et au rejet de toute influence externe: « Demander aux gens leur opinion, un peu, mais sans trop m'y fier. » (Maude). À cette période de transition vers l'âge adulte, cet enjeu est au cœur de la tension d'une quête d'autonomie sur un fond de maintien du soutien parental. Nombreux sont les rationnels qui considèrent que les amis et les proches sont des sources peu significatives de soutien décisionnel, étant donné qu'ils sont sujets à disparaitre dans un délai plus ou moins rapproché : « Même mes amis proches ne vont pas m'influencer parce que je ne vais pas les voir tous les jours de ma vie. Je ne leur accorde pas une grande importance. » (Olivier).

Le désir des rationnels de faire plaisir aux autres est également limité. C'est soi d'abord, sinon juste pour soi : « Je veux aimer mon travail parce que je vais passer toute ma vie là-dedans. Donc je préfère choisir quelque chose qui puisse me plaire à moi, non pas à ma famille et mes amis. » (Sarah). Ils tiennent à se positionner par rapport à autrui comme la personne foncièrement responsable de sa décision. Certains annoncent être prêts à aller à l'encontre des autres, d'autres assument ce qu'implique de décider pour soi malgré les préférences d'autrui : « J'ai considéré quelques professions proposées par mes parents, mais je ne trouve pas que ça me ressemble. Après avoir pris ma décision, je suis allé les voir et je leur ai dit : Voilà ce que je veux faire, qu'est-ce que vous en pensez ? » (Samuel).

Enfin, les rationnels semblent accorder une grande importance à la recherche d'une profession idéale, et ce, sous plusieurs formes. Pour certains, il s'agit d'une aspiration à la perfection : « Je pense que je vais sûrement trouver un métier qui va être parfait pour moi. » (Alexis). Pour d'autres, il s'agit d'aspirations à la satisfaction : « Je ne sais pas encore lequel, mais c'est certain qu'il y aura un métier qui va convenir parfaitement à mes gouts. » (Gabriel). De manière plus étendue, certains auront des aspirations à un plus grand bienêtre : « Je sais que je peux faire plein de choses dans ma vie, mais je veux juste faire ce que j'aime. Je ne veux rien laisser de côté, je n'en serais pas capable. » (Laurence).

Les rationnels affichent une approche très cérébrale et systématique du processus de décision de carrière. Leurs actions sont nombreuses et stratégiquement déployées. Ils sont continuellement en réévaluation de qui ils sont, de ce qu'ils veulent, en regard des informations qu'ils découvrent et analysent. Et ces démarches se font principalement seul. D'ailleurs, la distinction majeure entre les authentiques et les rationnels se situe à l'égard du rôle conféré aux autres autour d'eux. Les premiers consultent les autres à titre de ressources, tout en demeurant maitres de leurs décisions. Les deuxièmes sont plus indépendants, peuvent plus souvent voir les autres comme des sources possibles d'ingérences et de risques d'ambigüité.

QUELS SONT LEURS BESOINS ?

Les rationnels sont appliqués, exhaustifs et systématiques dans leurs démarches. Ils veulent tout faire... par eux-mêmes. Ils ne veulent pas être influencés par d'autres personnes, possiblement par crainte de perdre le contrôle sur le regard des professions, sur le regard d'eux-mêmes. Et ils sont perfectionnistes, tant dans leurs démarches que dans leurs attentes à l'égard d'une profession idéale. Il est possible de penser que les rationnels pourraient avoir besoin de plus de souplesse. Ils bénéficieraient de comprendre que non seulement la perfection en tout point n'existe pas, mais qu'elle peut générer une rigidité pouvant couter cher en termes de temps et d'énergie déployés pour que tout soit parfait. En outre, plutôt que de continuer à remplir un vase déjà plein, c'est-à-dire poursuivre le recueil d'informations disponibles par le biais des sites et des outils en ligne, ils pourraient s'enrichir d'informations plus «humaines». En allant vers les autres, ils pourraient ajouter à leur processus une autre perspective d'eux-mêmes et du monde, puis, conséquemment, réduire la marge d'erreur possible entre soi et le choix. En développant plus de souplesse et en allant davantage vers les autres, il s'agit de les amener à concevoir que les autres sont, en quelque sorte, des «données d'informations supplémentaires» et non des personnes pouvant – si l'on s'y refuse – modifier nos réflexions et nos choix.

Les rationnels tendent aussi à avoir besoin d'aller rapidement dans leur prise de décision de carrière. Pourquoi cette presse, ce désir d'en finir rapidement? Quelles sont les représentations et les croyances qui alimentent cette façon de faire? Certains signaux externes, tels que la date limite des demandes d'admission, peuvent les inciter à trancher, car autrement, il est toujours possible de trouver d'autres informations à considérer.

Enfin, même si le besoin principal des rationnels est de consulter davantage les autres, il y a lieu de se demander: Comment se fait-il que les jeunes appartenant à ce profil, malgré toutes leurs actions si stratégiquement planifiées et conduites, puissent demeurer parfois indécis en ce qui a trait à leur carrière? Comment une personne si stratégique, systématique et rationnelle dans ses démarches pourrait-elle renoncer à consulter d'autres sources d'informations comme les parents, les proches et les professionnels du milieu?

Se pourrait-il que certains de ces jeunes puissent en quelque sorte procéder par «fuite par en avant»[93], c'est-à-dire multiplier leurs actions dans le but inavoué de mieux gérer le vide, voire l'anxiété d'un manque de direction? Autrement dit, s'activer dans autant de comportements pour s'empêcher de contacter certaines émotions qui leur feraient constater leurs difficultés, leurs manques et être obligés de s'arrêter?

▸▸ COMMENT LES AIDER?

▸ En tant que parent...

RECONNAITRE L'ADO EN CHEF

En premier lieu, il importe de comprendre et de reconnaitre le besoin du rationnel d'assumer seul, de manière indépendante, sans risque d'influence de quiconque, sa décision de carrière. Il faut donc garder en tête que le rationnel veut pouvoir se dire: «C'est moi le chef!» Caricaturale peut-être, cette image suggère que le parent doit amener l'enfant à

93. Boutinet (2005).

modifier ses représentations de l'autre dans le contexte d'une prise de décision de carrière, dont notamment la représentation du parent lui-même. Vous devez passer de « risque d'influence et de contamination de son processus » à « source supplémentaire d'information et de conseil, sans pression décisionnelle ».

À cet égard, vous pouvez l'aider à contacter d'autres personnes, des proches, des professionnels de métier ou un professionnel de l'orientation, afin qu'il puisse accumuler de nouvelles informations... sans laisser ces personnes décider pour lui. Si vous en avez l'occasion, accompagnez votre enfant dans des rencontres, des évènements ou des journées portes ouvertes d'écoles où il est possible d'en apprendre davantage sur les études et la carrière. Intéressez-vous à la manière dont votre enfant traite l'information, sur la base de quels intérêts, de quelles valeurs, etc. Vous pouvez tout simplement lui refléter ce que vous entendez de ce qui l'intéresse, de ce qu'il valorise, etc. : « J'ai remarqué que tu as tendance à t'intéresser beaucoup aux choses qu'il est possible d'élaborer et de construire dans ces métiers-là. Élaborer et construire semble important pour toi. Qu'est-ce que tu en penses ? ». Il se peut qu'à court terme, vous ne receviez comme réponse que : « Ouin, c'est possible », mais ce n'est pas grave. La rétroaction fera son chemin dans le traitement d'information relatif à l'image que votre enfant a de lui-même.

REMETTRE EN QUESTION LES MOYENS PLUTÔT QUE LES FINS

Ce n'est pas parce qu'ils sont rationnels qu'ils ne peuvent pas être émotifs ! Les rationnels ne semblent pas avoir de besoins majeurs pour la collecte ou le traitement d'informations sur eux-mêmes, les études, les professions, etc. Par contre, ils semblent être à la recherche d'une profession idéale pouvant satisfaire « tous » leurs besoins. C'est sans doute dans ce « tous » que pourrait résider un possible problème d'indécision. « Tous » évoque la totalité, d'une certaine manière, la recherche de perfection. Paradoxalement, chercher la perfection est sans doute le meilleur moyen de n'être jamais satisfait. La recherche de perfection peut également témoigner de la peur de l'inconnu, de se tromper, d'échouer, c'est-à-dire de ne pouvoir gérer les imprévus et les incertitudes, d'anticiper des conséquences dramatiques, voire de souffrir à la suite d'une mauvaise décision.

Les rationnels rejettent le soutien des autres, car ils appréhendent que ceux-ci leur disent quoi décider. Or, sans lui proposer ou lui insuffler des voies préférables ou pertinentes, vous pouvez tout de même soutenir votre enfant en lui suggérant des moyens d'arriver à ses fins... Donc, toujours dans la perspective de créer une relation propice à l'échange et au partage d'expériences entre vous et votre enfant, l'exercice qui suit consiste tout simplement à s'enquérir auprès de lui de l'état de son processus de prise de décision. Le cas échéant, vous pourriez lui suggérer des possibilités d'action, MAIS... sous la forme de questions. Par exemple, plutôt que de dire à quelqu'un « tu devrais rechercher des informations sur Internet », ce qui suggère une prescription directe à la personne, il peut être plus approprié et respectueux de l'autonomie d'autrui de recourir à une question : « Penses-tu que cela pourrait être une bonne idée de rechercher des informations sur Internet ? »

Dans un premier temps, proposez des questionnements exploratoires sur l'état de prise de décision de carrière de votre enfant :

- À ce moment-ci, as-tu des idées de ce que tu pourrais choisir comme programme d'études ou profession ?
- Comment en es-tu arrivé à ce ou ces choix ?
- As-tu parlé avec d'autres personnes de tes réflexions de carrière ? Qu'est-ce qui s'est dit ?
- Quels sont les avantages que tu vois de telle option par rapport à telles autres que tu as aussi considérées ?
- Comment te représentes-tu cette profession plus tard (tâches, environnement et conditions de travail, sources de satisfaction, etc.) ?
- Quelles sont les étapes nécessaires, selon toi, pour te rendre jusque-là ?
- Qu'est-il le plus important pour toi de retrouver dans une éventuelle carrière ?

Dans un deuxième temps, vous pouvez questionner des voies possibles de démarches et de réflexions :

- Quelles sont les sources d'information que tu as consultées jusqu'à présent ?
- Quel genre d'information peut-on trouver à ces endroits ?
- Qu'est-ce que tu as trouvé d'intéressant ?
- As-tu l'impression d'avoir fait le tour ? Penses-tu qu'il te manque certains types d'information ?
- Penses-tu qu'il pourrait être intéressant, par exemple, de consulter aussi... (proposition) ?

Dans un troisième temps ou en cours de discussion, votre enfant pourrait évoquer des peurs qui pourraient déranger la poursuite de ses démarches : peur de se tromper, peur d'échouer ou peur de l'inconnu, par exemple. Comme vous évitez de prescrire ou de dire quoi faire à votre enfant, voici quelques questions à envisager.

Si tu te trompais...	• Quelles pourraient être selon toi les conséquences? • À quel point juges-tu ces conséquences probables? • Si tu vivais ces conséquences, qu'est-ce que tu pourrais faire, quelles seraient les alternatives que tu peux prévoir dès maintenant?
Si tu échouais...	• Quelles souffrances penses-tu que tu pourrais vivre? • À quel point juges-tu que ces souffrances soient probables? • Si tu avais à vivre ces souffrances, comment pourrais-tu utiliser cette énergie de manière constructive pour mieux rebondir avec force?
Si tu faisais face à l'inconnu, à des incertitudes par rapport aux études, aux professions, à toi-même, à des situations imprévisibles qui pourraient survenir...	• Quelles sont les émotions que tu pourrais vivre?» • À quel point juges-tu que ces états puissent réalistement t'empêcher de cheminer? • Comment pourrais-tu, dès aujourd'hui, travailler à réduire l'inconnu et l'incertitude par des démarches de réflexion ou des actions? • Peux-tu accepter aujourd'hui que certaines choses, certains évènements, certaines situations ou rencontres sont imprévisibles et que ton seul pouvoir est l'attitude avec laquelle tu peux leur faire face?

Pour tous ces questionnements, il est bien sûr encouragé d'inviter votre enfant à expliciter ses réponses (autant que possible) et de l'inviter à exprimer ce qu'il se reconnait apte à faire ou pas. Comme nous sommes ici en présence de rationnels, la capacité d'entreprendre des démarches pour combler l'écart entre un état d'inconfort et de bienêtre est normalement déjà présente. À cet égard, pour tout questionnement consistant à inviter à entreprendre de nouvelles actions, il est possible de ramener le rationnel à ses expériences décisionnelles antérieures. Il s'agit tout simplement de demander s'il a déjà vécu par le passé des situations plus ou moins similaires où il a dû mener des démarches et des réflexions en vue de prendre une décision, puis la manière dont il a procédé pour le faire, les obstacles qu'il a su traverser et les apprentissages qu'il en a retirés (confiance, estime, image de soi). Au besoin, puisque vous êtes son parent et que vous l'avez vu évoluer, vous pouvez lui rappeler l'un de ces moments (ex.: «Est-ce que tu aurais eu, à un moment donné, à décider de...?») et de là, engager la même séquence d'analyse décisionnelle.

En somme, les rationnels veulent demeurer maitres de leurs décisions. Ils craignent que d'autres personnes influencent directement celles-ci. Cet exercice a donc pour but d'amener le jeune à identifier lui-même les moyens d'action possibles par l'usage de questionnements exploratoires. Tout au long de cette démarche, le parent veille à ne pas formuler directement de solutions ou d'avis, ni à porter de jugement sur les moyens entrepris et les options considérées. Pas toujours facile, n'est-ce pas?

FAIRE USAGE DES ÉMOTIONS POUR ALIMENTER LA RAISON

Les rationnels peuvent parfois nier, sinon rejeter, les émotions et les sentiments qui animent leurs réflexions et leurs démarches. Cela peut être jugé comme des freins ou des contaminants qui ralentissent et influencent négativement leur processus décisionnel. Or, comme il est impossible en soi de ne pas ressentir, et qu'en pratique, la vie nous confronte constamment à des situations inattendues provoquant des réactions tout aussi imprévisibles, les émotions font partie de toute expérience humaine. Donc, que faire avec elles: les éviter, les affronter, les subir? Pourquoi ne pas les accepter? À cet égard, les émotions peuvent être des informations qui éclairent le rationnel dans son processus décisionnel. Si soudainement une émotion ou un sentiment émerge, c'est qu'il y a une... raison!

Donc, toujours dans l'idée d'instaurer un climat de confiance et de relation propice au partage d'expériences en regard du processus décisionnel de votre enfant, vous pouvez porter attention à toute expression spécifique «d'émotion», ou encore l'intégrer dans vos questionnements auprès de votre enfant. Par exemple:

Porter attention:

- Pourquoi ça t'a mis en colère d'apprendre que ce programme était contingenté?
- Pourquoi ça te rend si heureuse d'apprendre l'existence de cette profession?

Suggérer:

- Quelles émotions ça te fait vivre d'hésiter entre deux choix que tu aimes?
- Que ressens-tu à l'idée de ne pas pouvoir tout prévoir?

À partir de là, il est possible de convertir une émotion ou un sentiment en pensées, puis en comportements. Par exemple:

ÉMOTION/SENTIMENT	PENSÉE	COMPORTEMENT
Qu'est-ce que tu ressens?	**Qu'est-ce que cela t'amène à penser?**	**Qu'est-ce que cela te suggère de faire?**
Si je comprends bien, tu vis de la colère de réaliser que le programme que tu visais est contingenté et que pour l'intégrer, tu aurais à faire des compromis, ce qui ne t'intéresse vraiment pas.	Que je dois réfléchir et décider si je vais faire les efforts nécessaires pour être admis dans ce programme ou s'il vaut mieux laisser faire pour aller rapidement vers autre chose.	Je ne vais pas rester là à attendre. Je vais aller me renseigner sur les meilleures stratégies pour être admis dans ce programme, et après, je déciderai si je maintiens cette idée ou si je vais vers autre chose.

Évidemment, le dialogue n'est pas toujours aussi simple et fluide. Dans votre réalité, cela devrait être plus long qu'un simple enchainement en trois séquences. Toutefois, gardez en tête que les émotions ne sont pas des freins ou des entraves à la discussion constructive avec votre adolescent, mais au contraire, des informations très pertinentes pour bien ressentir ce qui se passe, ce qui se vit, pour mieux penser et agir de manière plus... ressentie et réfléchie !

En tant que professionnel de l'orientation...

ÉTABLIR UNE BONNE ALLIANCE DE TRAVAIL

Comme le rationnel a besoin de contrôler ses actions et qu'il est souvent réfractaire à l'ingérence d'autrui dans son processus décisionnel, il faut miser sur l'établissement d'une saine relation de confiance et d'alliance de travail. Les trois conditions d'une saine alliance de travail[94] impliquent la démonstration : 1) de sympathie (se sentir affectivement proche) ; 2) d'empathie (la disponibilité et la capacité à se centrer sur la réalité de l'autre) ; et 3) d'authenticité (se sentir à l'aise et conscient de ses pensées, émotions, attitudes, conforts et inconforts avec l'autre).

Au départ, il faut donc chercher à gagner la confiance du jeune, sans ruse. Il s'agit simplement de « reconnaitre à César ce qui appartient à César », c'est-à-dire de reconnaitre les ressources « orientantes » du jeune.

Échangez tout d'abord sur toutes les démarches qu'il a menées. Par la suite, apportez des rétroactions et des renforcements positifs et constructifs sur ce qu'il a réussi à faire par lui-même. Rares sont les gens qui aiment se sentir déficitaires, limités, fautifs, au regard de l'autre. Donc, plutôt que de focaliser sur ses manques et sur la manière dont il a procédé jusqu'ici, il est préférable : 1) de reconnaitre et de nommer explicitement chez l'autre les connaissances et les compétences qu'il a su mobiliser (contrôle, rigueur, curiosité, analyse) ; et 2) de faire valoir celles-ci en regard d'un processus de prise de décision de carrière. De là, il sera possible de passer de la « construction d'une relation de confiance » à une véritable « alliance de travail ».

Une fois que l'autre se sent considéré et respecté dans ce qu'il est, il y a lieu de penser qu'il sera plus facile d'aborder ce qui semble demeurer difficile pour cette personne malgré tant de mobilisation de ressources. Il vous sera alors plus facile de poser des questions, d'aller jusqu'à confronter constructivement le client sur ses ambigüités, afin de favoriser une réflexion plus avancée, exempte de résistances à votre égard.

PROCÉDER À L'ENVERS ET REVISITER SES DÉCISIONS

L'intervention proposée ici vise à revoir le processus décisionnel du rationnel à rebours, c'est-à-dire du moment où une décision est prise ou

94. Pascal (2015).

sérieusement considérée, vers les phases initiales l'ayant conduit jusque-là. Pour ce faire, nous suggérons de s'appuyer sur un modèle de prise de décision de carrière comportant différentes phases, de manière à revoir la façon dont chacune a été franchie pour corriger les manques ou les incongruités, au besoin. Dans ce cas, le modèle de L'Activation du développement vocationnel et personnel (ADVP)[95] peut être utilisé[96]. Il propose une succession de quatre phases liées à des tâches vocationnelles spécifiques en vue d'une décision de carrière. Le tableau 5 rappelle ces quatre phases.

TABLEAU 5. Les quatre phases de l'ADVP et leurs particularités

	1. EXPLORATION	2. CRISTALLISATION	3. SPÉCIFICATION	4. RÉALISATION
Tâche vocationnelle	Explorer différentes informations à propos de soi, des programmes d'études et des professions possibles.	Conceptualiser et catégoriser les informations recueillies à la phase précédente.	Évaluer l'ensemble des informations catégorisées.	Réaliser la décision prise à la phase précédente.
Pensée	Créatrice	Convergente	Évaluative	Implicative
Intervention classique	Stimuler la pensée créatrice, la flexibilité cognitive et les liens entre ses connaissances acquises à ce jour.	Inviter la personne à mettre ensemble ce qui va ensemble, à procéder par raisonnement analogique (par similitudes, par rapport ou relation d'affinité).	Aider le jeune à discerner, hiérarchiser, comparer, analyser, distinguer les informations.	Amener l'élève à anticiper, planifier et élaborer un plan d'action.
Exemple	Aider le jeune à explorer ses intérêts, ses valeurs, ses besoins, ses aptitudes et ses traits de personnalité par le biais d'activités, de grilles, de listes, d'inventaires et d'instruments psychométriques.	Aider le jeune à établir des catégories de caractéristiques personnelles ou des catégories d'emploi ou de groupes professionnels.	Aider le jeune à clarifier, discerner et spécifier une option (programmes d'études, professions, changements à faire).	Guider le jeune vers une actualisation de soi à travers un projet d'études et de carrière.

95. Pelletier, Noiseux et Bujold (1974).
96. Tout autre modèle de prise de décision fondé sur une démarche logique et analytique – rationnelle! – comportant un certain nombre de phases ou d'étapes allant du général au spécifique pourrait également être utilisé pour atteindre le même objectif.

L'ADVP inversée appliquée avec les rationnels consiste à revoir avec eux, de manière rigoureuse, systématique et détaillée – donc à la manière de faire de ces derniers! – tout ce qu'ils ont fait comme démarches et réflexions pour en arriver là où ils en sont dans leur démarche.

Phase 1: Réalisation

Décrire le projet de carrière dans ses moindres détails, c'est-à-dire:

- Quel est le projet de carrière?
- Pourquoi ce projet est-il jugé le plus pertinent pour l'élève?
- Qu'est-ce que ce projet implique comme démarche pour être réalisé?

Par exemple, un élève pourrait affirmer qu'il a choisi de poursuivre des études en génie mécanique dans le but de devenir ingénieur mécanique pour éventuellement travailler à conceptualiser et réaliser des machineries industrielles. Ce projet pourrait être motivé par: le souci de mettre à profit ses intérêts pour la connaissance et la compréhension du fonctionnement des choses, la conceptualisation de produits motorisés, la production de choses bien concrètes; la possibilité d'appartenir à un groupe professionnel reconnu et; les perspectives professionnelles très favorables à l'égard des conditions de travail et de salaire. Ce projet permet donc à la personne de se projeter dans l'avenir autant sur le plan professionnel dans l'exercice de la profession d'ingénieur que sur le plan personnel, familial, conjugal, résidentiel et social en regard des retombées attendues.

À ce moment-ci, le professionnel de l'orientation prend le temps de bien entendre ce que communique le rationnel, autant par son discours verbal que par les manifestations non verbales (corps, intonation) qui l'accompagnent de manière à bien évaluer la certitude exprimée. Il peut aider le rationnel à mieux se confirmer dans cette phase en lui posant des questions portant sur d'autres aspects pouvant être pris en compte dans un projet de carrière. Il peut aussi l'amener à clarifier toujours davantage ses idées et ses raisonnements par rapport à tel ou tel aspect.

Phase 2: Spécification

À partir du projet retenu, examiner de manière exhaustive, détaillée et systématique l'ensemble des opérations cognitives et comportementales menées pour en arriver là:

- Comment en suis-je arrivé à décider de ce projet plutôt qu'un autre?
- Qu'est-ce que j'ai fait comme démarches, comme réflexions?
- Qu'est-ce que j'ai appliqué comme raisonnements pour clarifier mes idées et formuler un choix parmi un ensemble de possibilités?

Par exemple, l'élève pourrait mentionner qu'il a hésité entre la profession d'ingénieur mécanique, d'autres types de professions du génie et d'autres options telles que l'architecture. Il pourra expliquer que pour en arriver à spécifier un choix, il a d'abord procédé à des recherches approfondies sur chacune des professions, qu'il a visionné des vidéos, etc. Il pourrait également mentionner qu'il a cherché à comparer chacun des projets considérés en regard d'une série de facteurs de choix qu'il a précédemment déterminés.

À cette phase, le professionnel de l'orientation se fait « avocat du diable », c'est-à-dire qu'il cherche les failles possibles dans les raisonnements, les démarches et les réflexions réalisées par le rationnel. Bien sûr, il le fait de manière respectueuse, empathique, soucieuse d'encourager la rigueur du rationnel. Il peut se permettre également de valider certains types de réflexion ou encore certaines démarches qui auraient pu, de l'avis du professionnel, être réalisées. Dans le cas où certaines de ces actions auraient pu être omises, il peut questionner le rationnel quant à la pertinence de mener ces autres actions.

Phase 3 : Cristallisation

Questionner les catégories de projets qui ont été considérées, identifier les raisons pour lesquelles celles-ci plutôt que d'autres ont été retenues et tenter de comprendre la logique derrière ces choix :

- Comment en es-tu venu à retenir certains types de programmes d'études ou certaines professions plutôt que d'autres ?
- À partir de quels critères, principes ou intérêts as-tu retenu certaines catégories d'études ou de professions ?
- Quels sont les intérêts, les valeurs, les besoins, les aptitudes ou les autres traits de personnalité sur lesquels tu as basé ta sélection de critères décisionnels ?

Par exemple, l'élève pourrait mentionner qu'il a retenu les professions qui lui permettraient de concevoir des choses ou des produits concrets, d'acquérir des connaissances approfondies sur la manière dont fonctionnent les choses, de travailler autant seul qu'en équipe, à l'intérieur, mais pas toujours dans un bureau, etc. Il pourrait ensuite mentionner qu'il a retenu deux grandes catégories d'emploi, soit celle liée à l'ingénierie, puis celle rattachée à l'architecture, tout en indiquant qu'il a décidé à ce moment de mettre de côté certaines professions du domaine de la santé, car il n'avait pas vraiment le gout d'intervenir auprès de personnes malades ou en détresse.

À cette phase, le professionnel de l'orientation cherche à comprendre comment les catégories retenues ont été établies. Il peut se permettre d'insérer des idées d'autres programmes d'études ou de professions qui, oui, pourraient semer le doute, l'incertitude au besoin, si cela est nécessaire. Il peut, entre autres, questionner pourquoi, par exemple, des programmes d'études menant à la profession de technicien du génie n'ont pas été pris en compte, pourquoi était-ce si important pour la personne de retenir des professions répondant à tels intérêts, telles valeurs, tels besoins, etc. À nouveau, l'idée ici est d'affiner la capacité du rationnel à clarifier et à comprendre ses raisonnements de manière à se sentir plus en confiance à l'égard de ceux-ci.

Phase 4: Exploration

L'idée est bien sûr d'examiner comment la personne a fait pour circonscrire suffisamment de programmes d'études et de professions avant de s'engager à catégoriser, puis à spécifier celles-ci en vue de formuler sa décision. Le travail consiste également à revoir comment la personne a procédé pour mieux s'explorer et mieux se connaitre dans une perspective de décision de carrière. Le but final est de s'assurer que cette étape n'a pas été faite trop rapidement, de sorte que d'éventuelles caractéristiques personnelles pourraient ne pas avoir été prises en compte alors qu'elles peuvent être des exigences pertinentes par rapport au choix d'un emploi:

- Qu'est-ce que tu connais de tes intérêts, valeurs, besoins, aptitudes et traits de personnalité?
- Qu'est-ce que tu connais des programmes d'études et des professions disponibles et accessibles à toi?
- Comment as-tu procédé pour réaliser une exploration suffisamment exhaustive de toi-même et des options de carrière?

Par exemple, l'élève pourrait expliquer qu'avant et pendant ses rencontres avec un professionnel de l'orientation, il a exploré tels ou tels sites Internet, consulté tels vidéos sur des programmes d'études et des professions, complété tels inventaires d'intérêts et effectué telles activités de réflexion sur ses traits de personnalité. De là, il pourra expliquer comment, au travers de ces actions, il a retenu chez lui des traits de personnalité plus dominants pour l'analyse, l'introspection, la science, la performance intellectuelle, la résolution de problèmes abstraits. Il pourrait aussi faire état de ce qu'il n'est pas. Il pourrait faire de même pour les professions, c'est-à-dire rappeler qu'il a pris soin d'explorer l'ensemble des professions réparties en différentes catégories sur des bases de données d'informations scolaires et professionnelles.

À cette étape, le travail du professionnel de l'orientation est de questionner l'expérience exploratoire de la personne, c'est-à-dire de voir avec elle ce qui a été exploré, mais aussi comment cela a été vécu: avec confiance, avec le sentiment d'avoir vraiment fait le tour? Avec l'impression d'être allé vite, d'avoir échappé certaines choses?

Le modèle de l'ADVP ou ceux de prises de décision fondés sur des phases successives, des démarches et des réflexions rigoureuses, puis des raisonnements nombreux et approfondis, peuvent très bien convenir à des élèves comme les rationnels. En faisant cette démarche inversée, vous découvrirez que les hésitations, les ambigüités et les carences liées à une phase pourraient être liées à une phase précédente. Autrement dit, si le rationnel a de la difficulté à convaincre le professionnel de la pertinence de son projet de carrière (réalisation), il est possible que cela s'explique par des lacunes sur le plan des démarches réalisées pour spécifier cette décision (spécification). De la même manière, si les démarches de spécification sont particulièrement incertaines ou hésitantes, peut-être que les options retenues (cristallisation) ne sont pas si assumées. Il s'agit donc, par cette démarche inversée, de valider avec le rationnel l'exhaustivité, la fiabilité et la pertinence de ses démarches de manière à mieux le confirmer, à exposer des lacunes, des manques, des contradictions, des ambigüités afin de l'aider à mieux revenir sur certaines phases préalables pour prévenir les risques d'erreur décisionnelle.

APPLIQUER UNE MATRICE DYNAMIQUE DE DÉCISION : GARDER OU REJETER

Tout le monde connait la fameuse méthode de liste à deux colonnes des « pour » et des « contre ». Nous savons que cela ne marche pas, car c'est simplement une démarche d'addition d'éléments plutôt qu'une véritable méthode d'analyse et de confrontation de soi en regard des options possibles. Nous vous proposons ici un exercice un peu plus adapté au domaine de l'orientation. Celui-ci aidera le rationnel à engager la dernière étape de son processus décisionnel, celle d'arrêter sa décision, en mettant à plat l'état de sa situation.

1. Reproduisez la figure 3 sur une feuille blanche (idéalement un grand carton).

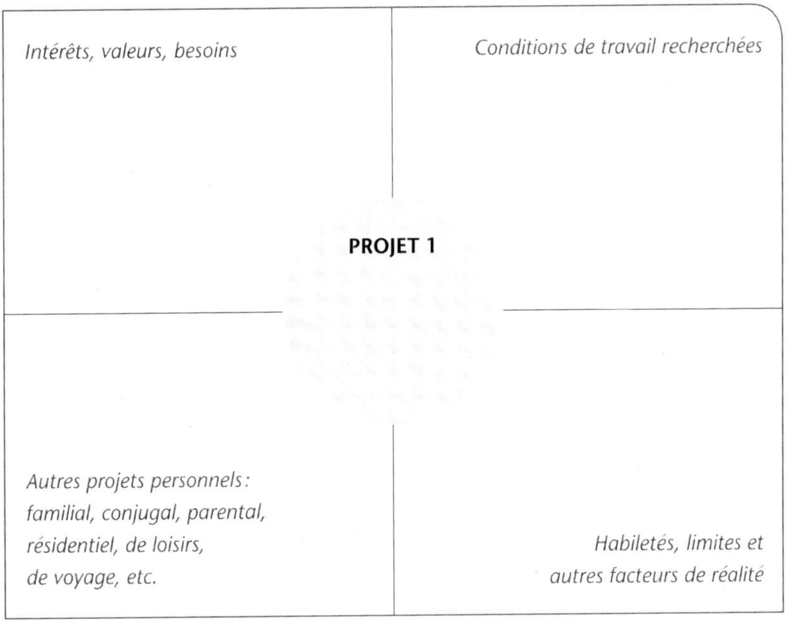

FIGURE 3 : Matrice dynamique de décision : ce que je garde, ce que j'enlève

2. Inscrivez dans chacun des quadrants ce qui est ressorti jusqu'à présent des démarches de la personne. Prenez le temps de bien le faire ; cela peut s'étaler sur plus d'une rencontre.
   a. Quels sont les intérêts, les valeurs et les besoins les plus significatifs que tu souhaites retrouver dans une profession ? (Minimum 3 ; maximum 7).

b. Quelles sont les conditions de travail que tu recherches dans une profession? (Minimum 3; maximum 7).

c. Quels sont les autres projets personnels qui sont importants de réaliser dans ta vie, en dehors du travail? (Minimum 3; maximum 7).

d. Quelles sont tes principales habiletés, tes principales limites, ainsi que tout autre facteur de réalité qu'il importe de prendre en compte dans ton processus décisionnel? (Minimum 3; maximum 7).

Les éléments importants d'une prise de décision de carrière étant posés, il est maintenant possible d'engager un travail de confrontation avec les projets considérés.

3. Chaque fois que la personne considère un projet comme possible en regard de son avenir professionnel, inscrivez celui-ci dans l'espace ovale au centre de la feuille.

   Pour éviter de continuellement effacer, hachurer et recommencer, il est conseillé d'inscrire ces projets sur un petit bout de papier, puis de les déposer à l'endroit en question. De cette manière, l'espace central demeure disponible pour l'évaluation d'autres projets par la suite.

4. Chaque fois qu'un projet est déposé, demandez à la personne: «En quoi la réalisation de ce projet permettrait d'avoir, de faire ou d'être au niveau de... (choisir un élément de chacun des quadrants)?»

   L'idée ici est d'amener la personne à déterminer si les éléments retenus comme significativement importants pour une prise de décision de carrière peuvent exister dans la réalisation de tel ou tel projet de carrière. Il est important de laisser la personne exprimer sa réflexion, de l'aider à préciser et à clarifier sa pensée par des reflets empathiques et des questions ouvertes.

5. Chaque fois qu'un conflit se présente entre un élément significatif et un projet, demandez à la personne de choisir ce qu'elle veut le plus garder (choisir c'est renoncer, n'est-ce pas?).

   Par exemple, si la personne a mentionné un intérêt pour «soigner les gens» et qu'elle vient de placer au centre le projet «publicitaire», il apparait évident que cette profession n'est peut-être pas la meilleure pour exprimer cet intérêt. Donc, l'un des deux doit partir, mais lequel? La personne pourrait dire que de soigner les gens est à ce point important, fondamental, qu'elle constate qu'il vaudrait mieux rejeter la profession de publicitaire. À l'inverse, elle pourrait réaliser que la profession de publicitaire est tellement attirante pour elle que ce n'est pas grave de renoncer à l'idée de soigner les gens dans sa carrière.

6. Répétez la même démarche pour tous les projets.

Le but premier de cet exercice n'est pas d'amener la personne à décider (bien que cela va grandement aider), mais bien de l'amener à confronter et à spécifier ce qui importe le plus d'avoir, de faire et d'être professionnellement.

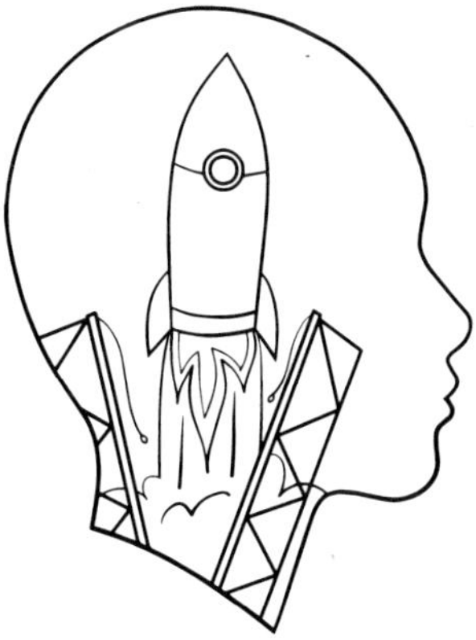

CHAPITRE 4

LES SPONTANÉS

Les spontanés sont représentés par une fusée se propulsant dans les airs et se dégageant d'une rampe de lancement. À cet égard, les spontanés ont leur propre compte à rebours selon un rythme de prise de décision qui leur est propre. Ils peuvent être là, en attente, puis tout d'un coup, ils engagent une explosion décisionnelle.

QU'EST-CE QUI LES CARACTÉRISE ?

Les spontanés se distinguent des autres profils sur 9 des 12 dimensions.

	CUEILLETTE D'INFORMATION	
Minimale	À quel point la personne cherche et organise des informations de façon méticuleuse.	Compréhensible
	TRAITEMENT D'INFORMATION	
Holistique	À quel point la personne analyse et traite l'information en fonction de ses caractéristiques.	Analytique

Externe	**LOCUS DE CONTRÔLE** Le degré de contrôle que la personne croit avoir sur son avenir (ses décisions ont un impact direct sur ses opportunités de carrière VS l'avenir est déterminé par des facteurs externes comme la chance ou la destinée).	**Interne**
Peu	**EFFORTS INVESTIS DANS LE PROCESSUS** Le niveau de temps et d'effort mental investis par la personne dans le processus de prise de décision.	Beaucoup
Élevée	**PROCRASTINATION** À quel point la personne fuit ou retarde le début ou l'avancement de son processus de prise de décision.	**Faible**
Lente	**RAPIDITÉ DE PRISE DE DÉCISION** Le temps dont a besoin la personne pour prendre sa décision finale après que la collecte d'information soit terminée.	**Rapide**
Faible	**DÉPENDANCE ENVERS LES AUTRES** À quel point la personne prend l'entière responsabilité de la prise de décision (même en consultant autrui), par opposition à l'attente qu'une autre personne prenne la responsabilité de la décision.	Élevée
Faible	**DÉSIR DE FAIRE PLAISIR AUX AUTRES** À quel point la personne tente de satisfaire les attentes des personnes qui lui sont significatives.	Élevé
Faible	**VOLONTÉ DE COMPROMIS** À quel point la personne est ouverte aux options et solutions de rechange et à faire des compromis lorsqu'elle fait face à des difficultés.	Élevée

COMMENT FONCTIONNENT-ILS ?

Les **spontanés** se distinguent des autres profils par une approche décisionnelle passablement spontanée, fougueuse, plus ou moins réfléchie. Ils prennent beaucoup de temps avant de trouver la motivation nécessaire pour s'investir. Conséquemment, ils peuvent en venir à décider sur-le-champ, sans trop d'évaluation, d'une option jugée satisfaisante. Les spontanés font peu ou pas de recherches, ni sur Internet, ni auprès de personnes-ressources à l'intérieur ou à l'extérieur de l'école, et ce, malgré que certains soient conscients que cela peut les limiter: «Je n'ai pas encore cherché des trucs comme les spécialisations, les différents emplois. Je n'ai pas parlé à des personnes-ressources. (...) Je n'ai pas fait un tas de recherches et je n'ai pas cherché tout ce que je pouvais. J'ai simplement regardé des informations générales pour connaitre un peu le cheminement général que je veux faire.» (Alexandre). Certains parmi eux jugent que le recueil d'informations n'est pas nécessaire ou prioritaire pour l'instant.

Les jeunes correspondant à ce profil remettent davantage en question la pertinence du processus qu'ils ne s'engagent clairement dans celui-ci: «Je préfère y aller directement avec ce que j'aime. Je ne vais pas sur Internet, je ne remplis pas de questionnaires et de tests sur mes forces et mes faiblesses. De toute façon, les métiers qui en ressortent ne me ressemblent pas et ne m'intéressent pas.» (Amélie). Ils sont en constante évaluation «intérêts-gains-efforts» en regard d'actions à engager ou pas. Pour eux, ce n'est pas le fait d'avoir fait ceci ou cela qui compte pour évaluer une décision de carrière, car le passé n'est pas nécessairement garant de l'avenir: «Suis-je une personne qui écoute? Bien, j'ai encore du temps pour le savoir. Puis, en vieillissant, je pourrais changer, devenir plus ouverte ou plus fermée. Dans dix ans, on ne sait pas comment je vais être.» (Gabrielle).

Leur locus de contrôle interne en matière de décision de carrière les conduit à juger que les actions qu'ils entreprennent déterminent qui ils sont et qui ils vont devenir. Cela implique tout d'abord une tendance à vouloir assumer leurs responsabilités face à eux-mêmes: «Si j'abandonne l'école ou mes ambitions, je ne pourrai pas dire que c'est à cause de la chance ou du destin. Je suis quelqu'un qui va persévérer dans ce que je veux faire. J'ai vécu des choses par le passé qui auraient pu m'amener à quitter l'école, mais je ne voulais pas. C'est une question de volonté. (...) Je ne crois pas au hasard.» (Gabrielle).

Le discours des spontanés se compose, entre autres, de «il faut»: «Si tu veux quelque chose, bien, il faut que tu te forces et tu pourras y arriver.» (Mathieu). À ce «il faut» se greffe également un «si...» en référence à soi: «Je pense que si tu mets les efforts, ça va aller, tu vas réussir. Il faut travailler fort. Peut-être que tu vas atteindre ton but un peu plus tard, mais tu vas y arriver.» (Stéphanie). Les spontanés semblent affirmer, du moins afficher certaines idées, mais ils jugent prématuré d'engager des démarches supplémentaires de recherche d'information: «Je sais que je devrais m'investir davantage dans mes démarches. Pour l'instant, je regarde un peu, mais pas beaucoup. Ce n'est pas grave. C'est correct. À un moment donné, ça va se faire.» (Mélissa).

Notons que le manque d'investissement peut aussi être associé à l'impression qu'il n'y a plus rien à faire: «Je juge que je n'ai plus vraiment besoin de réfléchir à ce que je veux faire ou non parce que c'est décidé depuis longtemps. Je le sais et je ne veux pas changer d'idée.» (Stéphanie). D'ailleurs, les spontanés sont nombreux à affirmer ne pas avoir besoin de beaucoup de temps ou d'efforts de traitement d'information pour en arriver à décider.

Évidemment, les spontanés apparaissent peu enclins à la procrastination. Cela ne les empêche toutefois pas de ressentir un certain stress par rapport à l'imminence d'une prise de décision de carrière: « C'est vraiment quelque chose qui me stresse. Je ne veux pas attendre et attendre et que l'échéance soit vraiment passée. » (Noémie). Il s'ensuit, de ces préoccupations et de ce stress, une mobilisation de soi spontanée, parfois même impulsive, orientée vers un mieux-être: «Je pense que c'est important de savoir tout de suite ce que je veux faire parce que je n'ai pas envie de me retrouver dans un cégep où je ne serais pas bien, pas à ma place. » (Nicolas). Ces préoccupations et ce stress activent chez les spontanés la poussée requise pour procéder à une décision, et ainsi atténuer la pression: «Je suis content que ce soit stable. Le temps de réflexion est enfin fini. (...) J'ai décidé de ce que j'allais faire, alors je ne repousse plus, c'est décidé. J'ai pas mal fini le processus. » (Mathieu).

La quasi-totalité des spontanés considèrent les conseils, les informations ou les propos d'autrui, mais sans perdre de vue qu'ils sont les seuls maitres de leur décision de carrière: « Honnêtement, c'est le travail que je vais faire plus tard, c'est ma vie. Je ne vois pas pourquoi ce serait les autres qui décideraient pour moi ce que je vais être obligée de faire jusqu'à 70 ans, jusqu'à ma retraite. (...) s'ils me conseillent, je ne prends pas tout en considération. (...) Je préfère prendre mes décisions toute seule parce que si j'en prends une mauvaise, c'est sur moi que ça va retomber, de toute façon. » (Stéphanie). D'autres rejettent catégoriquement toute participation des autres à leur processus, au point même de voir là une menace à l'authenticité de leur démarche et aux conséquences sur leur avenir: « Si quelqu'un prend la décision à ma place, c'est comme s'il vivait ma vie à ma place. Ce sont mes choses, ma vie, mes décisions, mes conséquences, qu'elles soient bonnes ou mauvaises. (...) Je me base sur ce que j'ai fait et ce que j'ai vu. » (Gabrielle). Il y a aussi l'idée que les autres ne peuvent penser et ressentir les souvenirs, l'expérience actuelle ou encore les anticipations d'avenir comme eux les ressentent: « Mes parents, c'est sûr qu'ils vont toujours être là pour moi, mais j'aime vraiment faire mes affaires toute seule. Ils savent peu comment ça marche, alors je ne leur demande pas grand-chose. » (Valérie).

Il y a vraiment un refus catégorique, parfois même empreint d'une certaine agressivité, sinon méfiance, contre l'idée d'influence décisionnelle: «Je ne vais pas laisser quelqu'un choisir pour moi, je ne vais pas laisser les choses arriver sans rien faire. Je vais tout faire par moi-même au lieu de laisser quelqu'un décider à ma place. » (Alexandre). Ils nomment clairement que ce ne sont pas eux, les autres, qui vont vivre les plaisirs et les conséquences de leurs décisions et de leurs actions tout au long de leur vie: « Si tu regrettes tes choix parce que tu as voulu faire plaisir à tes parents, bien, tu ne seras pas heureux et tu ne feras pas un travail que tu aimes. » (Roxanne). À nouveau, c'est soi d'abord! C'est avant tout une question de bonheur pour soi, et aussi d'acceptation d'une possible (hypothétique) déception d'autrui: «Il faut que je sois heureuse là-dedans et si ça fait mon bonheur à moi, pas besoin qu'il en soit de même pour les autres.» (Valérie).

Les spontanés ne réfléchissent pas en fonction de plans A, B, C ni de premier choix et de choix alternatif. Pour eux, il n'y a qu'un seul choix et à partir de là, des stratégies initiales, puis alternatives, au besoin, pour y arriver. Donc, plutôt que d'aller vers un plan B, ils vont tenter de persister plus longtemps dans le plan A: «S'il manque un critère, bien, je vais chercher à répondre à ce critère, puis y aller. Je ne vais pas abandonner.» (Gabrielle). La conséquence d'aller vers un choix alternatif ou un plan B semble équivaloir pour eux à un véritable renoncement à être heureux au travail à moyen et long terme: «Je ne vais pas être vraiment satisfaite si je vois qu'autre chose m'aurait plus intéressée, que j'ai un emploi secondaire sur le plan de mes préférences.» (Vanessa).

Les spontanés sont proactifs comme le sont les authentiques et les rationnels. Contrairement aux authentiques, mais comme les rationnels, ils tendent à rejeter ou à se méfier du soutien des personnes significatives autour d'eux. Toutefois, les rationnels rejettent les autres tout en agissant activement seuls, alors que les spontanés peuvent reporter leurs actions (pour finalement décider de manière spontanée plus tard...). Les spontanés se distinguent toutefois de ces deux autres profils par une motivation et un sens de l'action plus ou moins clair et dirigé, une évaluation plus superficielle des informations disponibles, ainsi qu'une action plus spontanée et fougueuse.

QUELS SONT LEURS BESOINS?

Les spontanés semblent fonctionner à deux temps: arrêté et empressé. Si le premier temps les maintient dans une forme de désintéressement face à leur avenir, le deuxième leur fait vivre un stress paralysant sur le plan de la clarté, de l'organisation et de l'efficacité de leurs actions. Ces jeunes semblent aller vite parce qu'ils ne prennent pas le temps de prendre le temps! Ils tendent à peu tenir compte des différents moyens et différentes ressources pourtant disponibles pour eux. Comment se fait-il qu'ils n'en voient pas la pertinence? Ils semblent voir comme des contraintes ce qui au contraire pourrait être des moyens de se sentir plus autonomes. À cet égard, ils gagneraient à organiser plus rigoureusement et stratégiquement leurs démarches, à prendre en compte les autres en tant que ressources de soutien et d'information complémentaires et à ajouter des voies possibles pour atteindre leur objectif de bienêtre au travail.

Le locus de contrôle interne des spontanés s'exprime autant dans une volonté d'assurer seuls, de manière indépendante, leurs actions décisionnelles que dans un rejet catégorique et ferme de prise en compte de soutien, de conseils ou d'informations d'autres personnes. Il pourrait y avoir dans cette conception restrictive du rapport à l'autre le désir de maintenir une image de soi potentiellement fragile, une estime et une confiance en soi limitée dans sa capacité d'intégrer plutôt que de s'opposer à son environnement social. L'inaction des spontanés sur le plan des démarches structurées et stratégiques pourrait, en partie, s'expliquer par la faible tendance à recourir aux ressources (conseil, information, encouragement, aide directe) de personnes significatives autour d'eux. Bien qu'ils n'en soient pas là au départ, les spontanés pourraient améliorer leur processus de prise de décision de carrière en intégrant l'apport potentiel des autres dans une perspective où il s'agirait pour eux de ressources externes à consulter et à utiliser.

Ces jeunes pourraient aussi avoir besoin de communiquer les croyances et les émotions qui les animent, sinon qui entravent leur capacité d'agir face au stress décisionnel. Bien qu'ils puissent vivre une part plus ou moins importante de stress par rapport à l'imminence d'une décision de carrière, pour différentes raisons, ils ne jugent pas toujours que c'est nécessaire d'agir à court terme. Alors, vient plus tard le stress manifesté par des « il faut », « si je veux »... Comment alors les amener à répartir leurs actions sur plusieurs semaines, plusieurs mois, plutôt qu'une démarche à la hâte, à trop court terme ? Les spontanés pourraient avoir besoin de mieux répartir leurs énergies en fonction d'un calendrier d'actions plus équilibré. S'il peut être aidant de les aider concrètement à mieux organiser leurs stratégies d'action dans le temps, il y a aussi lieu de s'interroger sur les raisons qui engendrent ces états variables de latence, puis d'urgence.

Enfin, s'ils jugent que de prévoir des plans B, C ou D par rapport à un projet A incertain est une preuve de renoncement qui va à l'encontre de leur besoin d'autodétermination, alors il importe de respecter le point de vue des spontanés, mais de les amener à considérer un autre raisonnement sur la situation. « Tous les chemins mènent à Rome... », dit l'adage. Alors, pourquoi plusieurs chemins ne pourraient-ils pas mener au plan A, ou encore mieux, à la satisfaction des besoins personnels sous-tendant ce dernier ? En effet, le jeune qui dit vouloir devenir psychologue peut avoir un cheminement type en tête, mais au besoin, il est possible d'entrevoir des voies d'ajustement en cas de difficultés rencontrées à l'une ou l'autre des étapes. Et plus important encore, pourquoi ce jeune veut-il devenir psychologue ? Quels besoins cherche-t-il à combler à travers l'éventuel exercice de cette profession ?

COMMENT LES AIDER ?

En tant que parent...

Plus que tout autre profil, les spontanés sont réfractaires à discuter et à réfléchir avec d'autres personnes sur leur processus de prise de décision de carrière. Donc, il ne sert à rien de vous proposer d'emblée des activités ou des démarches à faire ensemble sans d'abord chercher avec vous une réponse à la question suivante: Comment les approcher, gagner leur confiance et être invité à travailler avec eux à l'élaboration de projets d'avenir? Notez que vous pouvez également reprendre des stratégies d'accompagnement proposées pour d'autres profils, dont notamment les rationnels, qui démontrent également une forme de résistance au soutien et aux conseils d'autres personnes.

ÉCHANGER ET SOUTENIR AUX BONS MOMENTS

La prise de décision de carrière est un enjeu stressant, parfois même empreint d'anxiété pour votre enfant. À cet égard, il ne sert à rien de l'attaquer de front, comme un char d'assaut, sur l'état de son processus de prise de décision de carrière. Dans cette même perspective analogique, ce dernier pourrait se retrancher derrière de solides résistances pour mieux protéger l'image qu'il a de lui-même.

Trouver des activités agréables, sans lien direct avec le processus de prise de décision de carrière, constitue la première étape. Il peut s'agir d'aller au cinéma, de visiter un musée ou un autre lieu correspondant aux intérêts de votre enfant, de faire une activité sportive, etc. À vous de choisir! Au besoin, vous pouvez consulter d'autres parents pour savoir ce qu'ils font d'intéressant avec leurs enfants. Cette activité en tête-à-tête, sans les amis, vous donnera l'occasion de pleinement entrer en relation sans que votre enfant se sente mal à l'aise par rapport aux perceptions de ses pairs.

En échangeant d'abord sur la nature de votre activité, au moment où le climat entre vous est détendu, ouvert, il sera alors plus facile – pas toujours, nous en convenons – d'aborder la carrière. Vous pouvez, par exemple, lui demander ce qu'il advient des autres autour de lui, de ses amis, de ce qu'ils ont choisi de faire (ou pas), comment procèdent-ils, etc. Démontrez un intérêt sincère, de l'ouverture. Au besoin, partagez vos propres expériences (épreuves, difficultés, craintes, doutes) ou celles de personnes significatives pour lui. Ne vous empressez toutefois pas de donner des «recettes» pour sortir de l'indécision. Soyez concis, et non engagé dans de longs discours. Évitez les reproches et les propos moralisateurs.

Avant de vous diriger concrètement vers l'exploration de possibilités d'études ou de professions, il importe de réussir à entrer en relation de confiance avec l'autre de manière empathique, respectueuse et authentique. Pour ce faire, vous êtes invité à relire au besoin la section 1.6 de ce livre, portant sur le rôle distinctif mais complémentaire des professionnels de l'orientation et des parents sur le plan des types de soutien pouvant être offerts aux jeunes.

La particularité des spontanés est de prendre du temps avant de se mettre en action, puis par la suite, de prendre des décisions impulsives. Pour contrer ce risque de «dernière minute», essayez de maintenir les échanges, les encouragements, et lorsque possible, les apports d'information et de pistes de réflexion, durant les mois qui précèdent la prise de décision finale pour la prochaine étape d'études. De plus, afin de respecter la quête d'autonomie propre aux adolescents, vous pouvez tout simplement transmettre des informations à votre enfant (sans le bombarder) ou glisser ici et là des informations que vous avez obtenues sur des programmes d'études ou des professions qui les intéressent, la tenue d'évènements ou de salons sur les études et la carrière, les visites possibles d'établissements d'enseignement, des vidéos ou des services d'information en ligne, etc. De là, à travers de nouvelles activités ensemble (oui, il faut être présent pour être soutenant!), vous pourrez suivre l'évolution des démarches de votre enfant puis, de manière non invasive, mieux comprendre comment il s'organise et se structure dans son processus décisionnel.

DÉPOSER DES PARCELLES DE RECONNAISSANCE DE SOI

Les spontanés peuvent être impulsifs[97]. Ils peuvent attendre, reporter, éviter l'engagement dans des réflexions ou des démarches menant vers une décision de carrière éclairée. Certes, une personne aventureuse, désinhibée, sans gêne ou sans peur peut carburer par des comportements impulsifs. À l'inverse, une personne plus évitante, dominée par le stress, voire l'anxiété en regard de son avenir, pourra se maintenir dans une certaine latence à cet égard. Comment, en tant que parent, peut-on agir avec un spontané alors que d'emblée, ce dernier se caractérise par une fermeture à l'endroit de toute personne qui, selon ses croyances, cherche à lui dire quoi faire? Certes, il s'agit d'un défi préalable et supplémentaire, mais pas insurmontable.

D'abord, il ne faut pas chercher à presser les spontanés à prendre une décision de carrière des mois à l'avance. Ce qui importe, c'est de stimuler le besoin et la motivation d'agir. Lorsque l'on se découvre un but, quelque chose qui nous excite, nous allume, nous tendons à devancer des comportements qui nous permettent de vivre cette sensation. Ensemble, à table ou dans d'autres occasions familiales (s'il y en a... sinon, il faudra subtilement en créer), vous pourriez aborder les rêves de votre enfant (et non ses objectifs, ses projets ou ses buts, ce qui est rationnellement lourd). Demandez-lui par exemple:

- Si tu n'avais pas à travailler dans ta vie, comment aimerais-tu t'occuper? Imaginons que tu n'as pas besoin de te soucier de l'argent, qu'est-ce que tu aimerais produire, réaliser, rendre possible?
- Si tu pouvais exercer l'emploi rêvé, n'importe quoi, que ça existe ou non, sachant que tu auras de toute façon un emploi et un revenu satisfaisant, sans aucune limite, qu'est-ce que tu aimerais faire?

97. Les causes de l'impulsivité sont multiples et ce n'est pas l'objet de ce livre que de les circonscrire. Toutefois, il importe tout de même d'adresser, ne serait-ce qu'en surface, leur existence et leur influence, plus particulièrement en regard d'un processus de prise de décision de carrière.

Ne soyez pas sérieux, ne cherchez pas à tomber tout de suite en mode d'organisation adulte réaliste, prudente et pertinente pour transformer le rêve en réalité. Contentez-vous pour l'instant de rêver ensemble, pendant quelques jours, quelques semaines, tout simplement dans le plaisir. Subtilement, vous pouvez passer à une autre étape, soit des rêves aux buts:

- Pourquoi aimerais-tu faire cela?
- Qu'est-ce que cela te permettrait de vivre, de ressentir, d'être?
- Comment ta vie aurait-elle plus de sens si tu pouvais réaliser ce rêve?

En expliquant ses rêves et en expliquant les raisons motivant et guidant ceux-ci, votre enfant dévoile des manifestations claires et concrètes de ses intérêts, de ses valeurs et parfois des habiletés et des compétences qu'il se reconnait ou qu'il souhaiterait développer. Et c'est là, tranquillement, que vous pouvez lui refléter ce que vous avez observé chez lui à travers l'expression libre et encouragée de ses rêves:

- Quand je t'écoute, j'ai l'impression que tu as beaucoup d'intérêt pour… (ex.: fabriquer, manier, connaitre, analyser, observer, créer, embellir, aider, montrer, vendre, convaincre, structurer, ordonner, etc.);
- Quand tu me parles de tes rêves de…, j'ai l'impression que c'est très important pour toi… (le concret, l'aventure, le savoir, la résolution de problèmes, l'imaginaire, l'esthétisme, les relations humaines, la coopération, le partage, le pouvoir, le prestige, le calme, l'organisation, etc.);
- Quand tu me parles de ce rêve que tu as de…, je me dis que c'est quelque chose qui aide à développer… (l'agilité physique, la manipulation d'outils et de machineries, la recherche, l'analyse, l'imagination, l'enseignement, la relation d'aide, l'art, le leadership, l'initiative, la planification, l'ordre, etc.).

Lorsque vous effectuez ces reflets, concluez toujours par une demande de validation de votre enfant: «Est-ce qu'il y a quelque chose qui a du sens pour toi là-dedans? Est-ce que ça te décrit, te rejoint un peu?» Ainsi, au fil des jours, des semaines, des mois, vous déposez de la rétroaction, du renforcement, de la reconnaissance chez votre enfant, de manière positive et éventuellement constructive. Vous ne lui dites pas quoi faire, ce qu'il rebute, mais vous le reconnaissez… Sans reconnaissance, il est difficile d'entrevoir toute forme de connaissance de soi!

ACCOMPAGNER L'EXAMEN DE SON CYCLE DE GESTION DES ATTITUDES ET DES COMPORTEMENTS IMPULSIFS

Si vous savez que votre enfant tend à être impulsif (ou si votre enfant se reconnait ainsi), vous pouvez l'aider à reconnaitre et à développer des stratégies pour gérer son impulsivité. Le stress lié à la pression de décider lorsqu'il reste peu de temps pour le faire de manière éclairée peut être générateur d'actions impulsives. Afin de mieux préparer le spontané au moment fatidique – et de dernière minute – de prise de décision de carrière, nous vous proposons : 1) d'amorcer tranquillement, subtilement, le repérage de situations à haute teneur d'impulsivité ; et 2) de mettre en place des stratégies de gestion de l'impulsivité applicables dans la vie de tous les jours, dans différentes sphères de vie.

Au cours des mois précédant la prise de décision de carrière, intéressez-vous à votre enfant et, dans le cas présent, aux moments où vous remarquez ou pressentez des comportements impulsifs : difficultés d'attention, de concentration, d'organisation ; affolement, agacement, agitation, colère, hyperactivité, turbulence, etc. Observez, dans la mesure du possible, les moments, les contextes, les interactions qui s'associent avec ces expériences. Vous pouvez débuter par ceux qui se passent au sein de la famille. Lorsque votre enfant vit une situation difficile, cela pouvant être parfois avec vous-même, vous pourriez avoir une discussion constructive sur les composantes de cette expérience.

D'abord, tentez d'explorer et de mieux comprendre la situation, ensemble, en utilisant le schéma suivant.

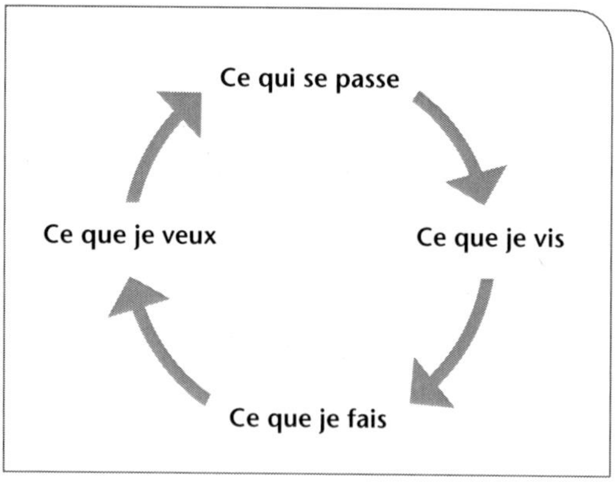

Ce qui se passe

Il s'agit tout simplement d'aborder le problème : Qu'est-ce qui se passe ? Il peut s'agir de difficultés à l'école, de problèmes interpersonnels dans ses loisirs ou son travail d'élève, d'une rupture amoureuse douloureuse, de conflits avec des amis, d'un inconfort par rapport à un désir qui ne se réalise pas, etc. Cela n'a pas à être en lien avec une décision de carrière. Au contraire, l'idée est justement de prendre appui sur tout ce qui est source d'impulsivité dans la vie de votre enfant afin de mieux comprendre son fonctionnement. Donc, il s'agit de prendre le temps de recevoir l'expérience racontée par votre enfant de manière à mieux saisir l'interprétation qu'il donne aux composantes de la situation, aux contextes, aux personnes impliquées et à lui-même. Ce n'est pas le moment de lui offrir des solutions ou des interprétations, mais tout simplement de l'écouter et de l'inviter à préciser son expérience de la situation.

Ce que je vis

Tranquillement, l'exploration des évènements interprétés par votre enfant l'amène à parler de lui-même, de ce qu'il vit. Donc, il s'agit de le questionner sur ce que cette expérience l'amène à penser, croire, ressentir, éprouver, etc. Autrement dit, vous devez aider votre enfant à explorer ses pensées, ses émotions, ses sensations en regard de l'évènement. À ce moment, il devient possible de regarder ensemble comment « Ce qui se passe » affecte « Ce que je vis ».

Ce que je fais

Que fait votre enfant pour gérer la situation, ou se gérer dans la situation ? C'est souvent ici que l'on peut repérer les attitudes et les comportements qu'il adopte pour calmer, à courte échéance, le tourment, mais qui s'avèrent non constructifs à moyen et long terme. La procrastination constitue un parfait exemple à ce sujet. À court terme, cela permet de se dégager d'une certaine pression, mais à moyen et à long terme, cela oblige la mise en œuvre de réflexions et d'actions décisionnelles dans des délais plus serrés. Autrement dit, examinez ses manières de réagir aux évènements, puis tentez de vérifier si elles améliorent ou détériorent la situation, mais aussi l'image, l'estime ou la confiance que votre enfant a en lui-même. À ce moment, vous pourrez voir comment « Ce que je fais » contribue ou non à améliorer « Ce que je vis » par rapport à « Ce qui se passe »...

Ce que je veux

Une fois que l'on comprend mieux comment les actions (impulsives) de l'enfant peuvent parfois entraver son bienêtre en regard de situations précises, il y a lieu de le recentrer sur ce qu'il veut. Sans porter de jugement sur les attitudes et les comportements qui ont été adoptés, l'idée est de rechercher et de reconnaitre ce que votre enfant veut vraiment pour lui-même.

En principe, lorsqu'il y a cohérence, harmonie et efficience entre ce que je veux, ce que je fais, ce que je vis et ce qui est, il est difficile d'imaginer des attitudes et des comportements impulsifs. À l'inverse, les incohérences et les discordances entre ces quatre modes d'expérience témoignent souvent d'une certaine perte de sens et de contrôle sur sa vie, chez votre enfant. Voici ce à quoi pourrait ressembler un examen du cycle de gestion des attitudes et des comportements impulsifs.

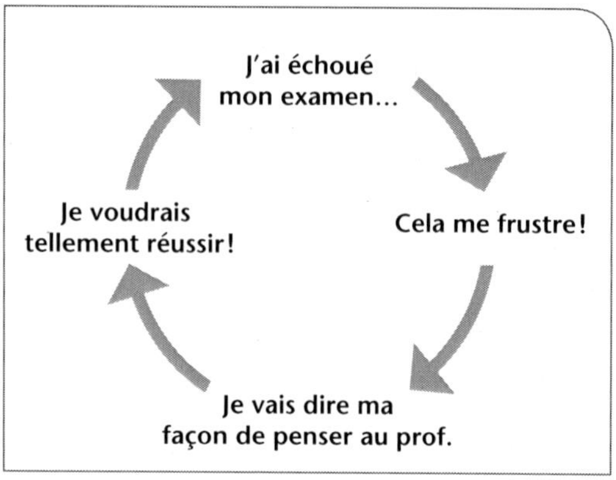

À partir du moment où l'on comprend mieux son fonctionnement, sa manière unique de réagir aux évènements, notamment de manière impulsive, il est possible de modifier le cycle de l'expérience.

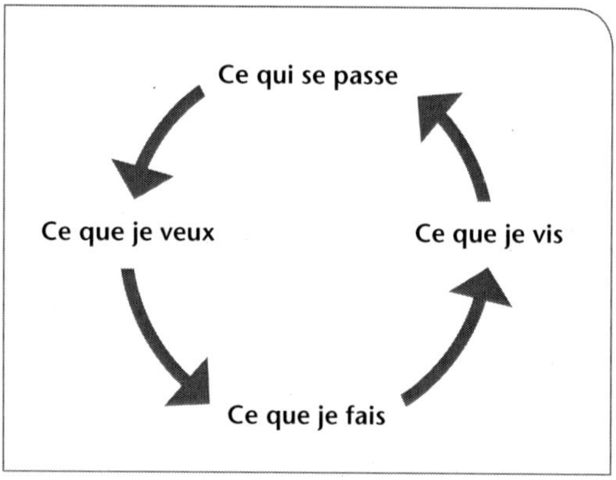

«Ce qui se passe» devient maintenant la situation d'incohérence et de discordance qui entraine les pensées, les émotions, les sensations et les comportements d'impulsivité. Face à cela, il y a lieu maintenant de redéfinir «Ce que je veux», puis de là, de mieux planifier et engager «Ce que je fais» pour enfin réévaluer «Ce que je vis» par rapport à tout cela. Cela redéfinira le «Ce qui se passe» de sorte que le cycle pourra ainsi se poursuivre. N'est-ce pas la vie en soi que de constamment basculer du déséquilibre à l'équilibre, puis vice versa?

Les moyens, les trucs, les façons de faire qui pourraient être mis en place pour résoudre les diverses situations rapportées par votre enfant pourraient sans aucun doute servir lorsqu'il devra prendre une décision éclairée dans un contexte stressant sans recourir à des comportements impulsifs. Voici un exemple à partir de celui posé précédemment.

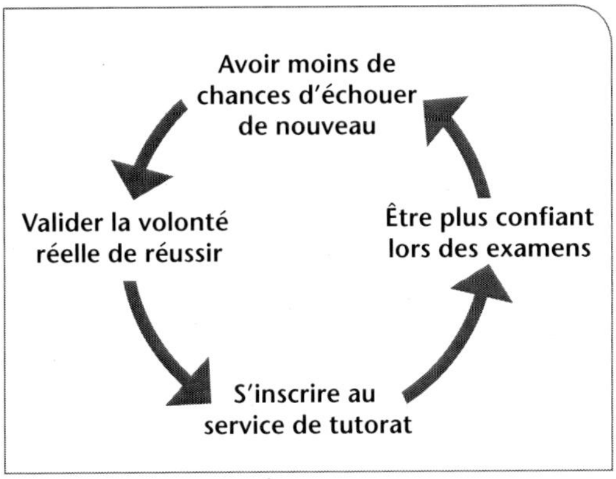

Pour ce faire, lorsque vous échangerez avec votre enfant, il sera important de rendre l'expérience positive et constructive. Entre autres, renforcez les attitudes et les comportements qui démontrent une action posée et constructive sur les situations stressantes, ne serait-ce que pour démontrer sa volonté de mieux s'explorer et se comprendre. En résumé, l'expérience du cycle de gestion des attitudes et des comportements impulsifs permettra d'aider votre enfant à reconnaitre et à lier des expériences subjectives (pensées, émotions, sensations), des conditions données (situations) et des réactions (comportements).

En tant que professionnel de l'orientation...

RÉSISTANCE, PERSPECTIVE ET POUVOIR D'AGIR

Les spontanés sont en résistance, entre autres, au soutien des autres et à la mobilisation progressive et soutenue. Plutôt que de chercher à les convaincre qu'il serait bon ou bien de consulter les autres à titre de ressources (d'information, de conseil, de soutien, d'encouragement, etc.) ou d'entreprendre des démarches plus structurées et engagées, nous vous proposons plutôt d'échanger sur les raisons de ne pas le faire. Autrement dit, inversez la vapeur : demandez à l'autre de vous démontrer qu'il n'a besoin de personne ni de poser d'actions à court terme.

En tant que professionnel de l'orientation, il ne s'agit pas ici d'appliquer cet échange mot à mot, mais plutôt d'intégrer l'attitude, la posture, l'idée. D'abord, entendez la résistance exprimée par l'autre, puis questionnez ses craintes, ses peurs, les dangers perçus justifiant son attitude ou ses comportements. De là, amenez la personne à reconnaitre la manière dont ces représentations limitent son pouvoir d'agir. À ce moment, aidez-la à transformer ses perceptions quant à son objet de résistance (ex. : le soutien des autres) en objet de possibilités, à la faire passer d'une posture de méfiance et de soumission vers une posture de confiance et de contrôle.

Par exemple :

- Tu sembles très affirmatif quand tu dis que tu ne veux pas que personne ne s'ingère dans ton processus de prise de décision de carrière... **Peux-tu me dire comment le soutien des autres pourrait te nuire ?**
- Tu mentionnes qu'il t'apparait trop tôt (ou non pertinent) de t'engager dès maintenant dans des démarches de recueil d'informations sur les programmes d'études et les professions, ainsi que sur ce que tu veux vraiment d'une carrière... **Peux-tu me dire comment ça pourrait te nuire ?**

Évidemment, si la personne est en état de résistance, elle donnera des explications, voire des rationalisations qui maintiennent sa position actuelle. Vous pouvez alors la ramener à son pouvoir d'agir. Voici un exemple de dialogue possible :

Jeune : Si je laisse les autres me dire quoi faire, je vais me retrouver à faire ce que je ne veux pas.

Professionnel : Pourquoi penses-tu que tu pourrais te laisser autant influencer par l'opinion et les idées des autres ?

Jeune : Je ne dis pas que je suis influençable, c'est juste que les autres peuvent parfois vouloir nous influencer.

Professionnel : Ah, ok. Donc, tu as passablement le pouvoir de décider qui va t'influencer ou non ?

Jeune : Oui, tout à fait. Je ne me laisse pas influencer comme cela.

Professionnel : Très bien. Alors, dans la mesure où c'est toi qui décides, qui détermine les informations que tu laisses ou non entrer dans ta tête, il n'y a aucune raison de craindre les autres par rapport à ton choix de carrière. C'est bien toi qui es responsable de toi-même, non ?

Jeune : Oui, tout à fait.

Professionnel : Alors, si les autres ne peuvent pas te nuire, comment pourrais-tu profiter des informations, des expériences et des idées des autres ?

CHEMINER PAR UNE MATRICE À PROJET

Cette activité[98] vise à amener la personne à identifier et à prendre conscience des étapes interreliées vers l'élaboration d'un projet. Pour ce faire, nous vous suggérons de diviser une feuille blanche en cinq colonnes (tableau 6).

1. Demandez à la personne d'identifier un projet qu'elle souhaite réaliser aujourd'hui et de l'inscrire dans la colonne 3 (ex. : « Faire un bon choix de carrière »).

98. Little, Chambers et Barbeau (2000).

2. Déterminez en quoi la réalisation d'un premier projet pourra permettre la réalisation d'autres projets, généralement à plus long terme. À partir du projet identifié dans la colonne 3, aidez la personne à déterminer un nouveau projet: « Qu'est-ce que « Faire un bon choix de carrière » te permettra de faire, d'être ou d'avoir? »

   Après quelques échanges pour aider la personne à préciser sa réflexion, elle pourrait inscrire dans la colonne 4: « Pouvoir un jour mener la vie que je souhaite: un bon salaire, voyager, une maison, des enfants, toute l'affaire! ».
3. Réalisez la même démarche pour la colonne 5.

   Ainsi, avec les colonnes 3, 4 et 5, vous aurez en quelque sorte – si vous avez vraiment pris le temps de circonscrire avec spécificité les aspirations de la personne – ses projets à court, moyen et long terme.

TABLEAU 6. Matrice à projet

1	2	3	4	5
		Faire un bon choix de carrière.	Pouvoir un jour mener la vie que je souhaite: un bon salaire, voyager, une maison, des enfants, toute l'affaire!	Être heureux, l'être parce que je peux aussi être utile aux autres, aux gens que j'aime aussi.

4. Travaillez la motivation de la personne en examinant ce qu'il faut faire pour avancer dans la réalisation de ses projets. Demandez-lui: « Pour en arriver à faire un bon choix de carrière, qu'est-ce qu'il faudrait que tu fasses dès aujourd'hui? » Invitez-la à préciser ses propos.

   Elle pourrait ensuite écrire ceci dans la colonne 2: « Commencer à regarder les professions, puis (comme nous en avons parlé) approfondir qui je suis et ce que je veux dans la vie. ». Le moyen proposé devient donc une façon de réaliser le projet inscrit dans la colonne 3.
5. Recommencez la même démarche, cette fois en trouvant un moyen de réaliser ce qui est inscrit dans la colonne 2. Donc, demandez à la personne: « Pour en arriver à commencer à regarder les professions, puis à approfondir qui tu es et ce que tu veux, qu'est-ce qu'il faudrait que tu fasses dès aujourd'hui? » La personne pourrait inscrire sa réponse dans la colonne 1.

1	2	3	4	5
Prendre rendez-vous avec un conseiller d'orientation pour m'aider, puis d'ici là, faire le tour des professions pour commencer à en identifier quelques-unes que je pourrais aimer.	Commencer à regarder les professions, puis approfondir qui je suis et ce que je veux dans la vie.	Faire un bon choix de carrière.	Pouvoir un jour mener la vie que je souhaite : un bon salaire, voyager, une maison, des enfants, toute l'affaire !	Être heureux, l'être parce que je peux aussi être utile aux autres, aux gens que j'aime aussi.

6. Proposez un résumé de ce qui a été nommé. Par exemple : « Si l'on résume ce que tu as dit vouloir et faire **toi-même**... Tu me dis vouloir faire un bon choix de carrière, car cela te permettrait un jour de mener la vie que tu souhaites (salaire, voyage, maison, enfants, etc.) et ainsi, être heureux, tout en étant utile aux autres, ainsi qu'aux gens que tu aimes. Comment cela représente-t-il ce que tu veux dans ta vie ? »

   En mettant l'accent sur « toi-même », vous reconnaissez le souci qu'ont les spontanés d'être responsables de leur propre vie, de leur projet. Le « Comment » est utilisé pour que la personne précise comment elle reçoit ce résumé, de manière à l'inviter à se raconter, plutôt que seulement lui demander si cela a du sens ou non pour elle.

7. Pour aider la personne à voir comment chaque projet est une action nécessaire menant au suivant, proposez-lui un autre résumé : « Maintenant, si je t'ai bien compris, pour choisir une bonne carrière, il faudrait dès aujourd'hui que tu commences à regarder les professions, puis à approfondir qui tu es, ce que tu veux dans la vie. Et pour faire cela, ce qui apparait le plus important de faire concrètement, c'est de prendre (dès que possible, dès aujourd'hui) un rendez-vous avec un professionnel de l'orientation pour t'aider, puis d'ici là, de faire le tour des professions pour commencer à en identifier quelques-unes que tu pourrais aimer. Est-ce que cela représente ce que tu juges important de faire ? »

   Cette fois, il est très important de voir avec la personne à quel point elle juge ces actions pertinentes, nécessaires, pour elle-même, et à quel point elle pense être en mesure ou non de les réaliser. L'idée ici est tout simplement de la mobiliser dans l'action.

Pour que l'intervention soit efficace, l'exercice est moins important que la qualité du retour qui sera fait par le professionnel de l'orientation. Il est possible d'augmenter à sept ou à neuf le nombre de colonnes, si vous voulez aller encore plus loin sur le plan de la motivation à se mobiliser et la détermination de projets selon différentes temporalités (court, moyen, long terme).

INTERVENIR PLUS SOUVENT ET DE MANIÈRE AJUSTÉE À SON TYPE DE PERSONNALITÉ

Les spontanés sont enclins à l'impulsivité dans un processus décisionnel plus ou moins structuré, jugé plus ou moins opportun, parfois quelques mois avant le moment de décision... décisive. Contrairement aux authentiques qui sont passablement autonomes (réguliers et au clair dans les raisons de leurs démarches) et aux rationnels (systématiques et passablement structurés, planifiés et organisés), les spontanés portent un discours qui n'est pas toujours traduit en actions concrètes. Autrement dit, ils peuvent évoquer l'importance, voire l'urgence d'agir et de s'organiser, mais dans les faits, ils agissent peu.

À cet égard, vous pouvez d'abord leur offrir un suivi plus rapproché. Idéalement, il s'agit de les rencontrer de manière régulière lors des mois précédant le choix, puis de leur proposer des activités d'exploration de soi et des professions aussi ludiques que possible. En effet, une façon de gagner leur intérêt et leur motivation est de trouver des moyens de rendre cette expérience agréable et stimulante. À ce propos, nous vous invitons à prendre appui sur le profil RIASEC[99] de votre client pour mieux comprendre ce qui l'intéresse lorsque vient le temps de le mobiliser. Vous pouvez proposer au Réaliste des activités misant sur l'action, les informations concrètes et les expériences (ex.: voir des travailleurs exercer leurs tâches). Vous pourriez inviter l'Investigateur à rechercher, analyser et organiser des informations sur les études et les carrières. Pour un Artistique, vous pourriez miser sur l'expression de soi, les activités où l'on «crée» son projet de vie. Et ainsi de suite pour les autres types.

Si le jeune spontané se présente à vous «à la dernière minute»:

- Plutôt que de le réprimander sur son mode de fonctionnement, rappelez-vous – c'est là l'objet de ce livre – que tous ne procèdent pas de la même manière pour leur prise de décision de carrière;
- Prévoyez plus de temps, de disponibilité et de rendez-vous pour les spontanés que pour les authentiques ou les rationnels;
- Envisagez de réaliser plus d'une rencontre par semaine lors des dernières semaines avant la prise de décision finale;

99. Nous présumons bien sûr dans ce livre que tout professionnel de l'orientation devrait minimalement être familier avec les travaux de John Holland (1997) à ce propos.

- Responsabilisez le jeune spontané quant à sa contrepartie de contrat. S'il se prend à la dernière minute, s'il vous engage dans des démarches plus nombreuses et rapprochées, vous êtes en droit d'exprimer ce dont vous avez besoin de sa part pour que vous puissiez être efficace. Par exemple, vous pourriez lui faire signer un contrat dans lequel il s'engage à suivre une série de démarches nécessaires à un processus de prise de décision de carrière plus éclairé ;
- Faites-lui comprendre que vous êtes le professionnel, l'expert du « processus », alors que lui est l'expert du « contenu ». Donc, vous pouvez encadrer la réalisation de sa démarche, mais vous ne pouvez rien faire de déterminant avec la personne si cette dernière ne s'engage pas pleinement dans le contenu de celle-ci.

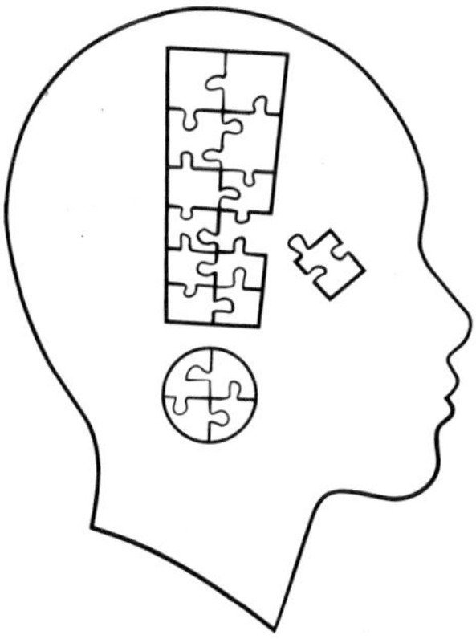

CHAPITRE 5

LES ENGAGÉS

Les engagés sont représentés par un casse-tête en forme de point d'exclamation, où il manque encore quelques morceaux à bien repérer, agencer et insérer pour compléter un portrait d'ensemble. À cet égard, les engagés prennent leur temps pour bien avancer leur projet de mise en commun d'éléments jugés pertinents et importants en vue d'une prise de décision éclairée.

QU'EST-CE QUI LES CARACTÉRISE ?

Les engagés se distinguent des autres profils sur 4 des 12 dimensions.

	LOCUS DE CONTRÔLE	
Externe	Le degré de contrôle que la personne croit avoir sur son avenir (ses décisions ont un impact direct sur ses opportunités de carrière VS l'avenir est déterminé par des facteurs externes comme la chance ou la destinée).	**Interne**
	RAPIDITÉ DE PRISE DE DÉCISION	
Lente	Le temps dont a besoin la personne pour prendre sa décision finale après que la collecte d'information soit terminée.	Rapide

Faible	**VOLONTÉ DE COMPROMIS** À quel point la personne est ouverte aux options et solutions de rechange et à faire des compromis lorsqu'elle fait face à des difficultés.	Élevée
Beaucoup	**UTILISATION DE L'INTUITION** À quel point la personne prend en considération son intuition dans la prise de décision.	**Peu**

COMMENT FONCTIONNENT-ILS ?

Les **engagés** valorisent le labeur personnel. Ils rejettent toute forme de déterminisme arbitraire : « Je crois que tout le monde peut faire ce qu'il veut et que tout peut s'apprendre avec l'effort nécessaire (...) Lorsque tu as un but et que tu mets tous les efforts pour l'atteindre, c'est sûr à 99 % que tu vas réussir. » (William). Pour eux, le destin ou la chance n'existent pas. Seuls la volonté, la conviction et l'effort individuel peuvent influencer leur trajectoire : « Je ne crois pas au destin ou à la chance. Je pense que je suis vraiment le seul qui puisse influencer mes choix de carrière. (...) Je suis un gars qui persévère beaucoup et vu que je sais ce que je veux faire, je vais tout le temps atteindre mes objectifs. » (Michael). Plusieurs jugent qu'attendre après le destin, c'est en quelque sorte attendre passivement pour perdre sa vie ! D'autres reconnaissent une part d'influence du destin et de la chance, mais considèrent que chacun de nous peut aisément, par l'effort, la volonté et la conviction, les surpasser au profit d'un épanouissement total : « Selon moi, il y a des choses qui peuvent arriver, mais tu peux toujours faire ce que tu peux, toujours faire ce que tu veux. » (Vincent). Enfin, pour certains engagés, les réticences et réserves à l'endroit de la chance, et plus particulièrement du destin, sont liées à une association de nature religieuse : « Si je vois que c'est bien pour moi, je vais le faire. Je n'attendrai pas que Dieu vienne me dire si c'est bien ou non. (...) Je me dis que le destin ne sert à rien dans la vie. Ce sont mes choix, c'est moi et non pas le destin qui choisis. » (Myriam).

Plusieurs engagés affirment prendre plus de temps pour décider en raison d'une indécision passablement durable, voire chronique et lourde. Sachant qu'ils sont relativement fermés au compromis, ils ne veulent sans doute pas se tromper en faisant leur choix. Ils vouent peut-être trop d'importance à celui-ci ou exagèrent peut-être les conséquences d'une mauvaise décision : « Quand c'est important, on dirait que ça me met un poids sur les épaules et que j'essaie de repousser la décision pour me donner l'impression que c'est moins important que ce ne l'est. » (Kim). Il est donc possible de penser que les engagés procèdent lentement en raison de leur méticulosité dans le traitement de l'information et des conséquences qu'ils voient au fait de se tromper. En effet, une fois leur décision prise, ils n'envisagent pas de compromis.

Ils affirment avoir besoin de plus de temps pour mieux évaluer leurs options, en regard d'une décision aux incidences importantes à court et à long terme: «Je ne prendrai pas une décision sur un coup de tête, surtout pour un choix de carrière. C'est tout de même ce que je vais faire durant 25 ou 35 ans.(...) Je ne peux pas te dire quand je vais faire mon choix, mais quand je vais le faire, je vais être sûr et certain.» (Jonathan). Enfin, il y a des engagés qui concentrent leurs démarches pour explorer l'ensemble des options, mais qui en bout de ligne, reviennent au même projet: «Je le savais déjà, mais je prenais mon temps pour être sûr et pour y réfléchir encore un peu.» (Kevin).

Une fois qu'ils ont trouvé, ils ont le compromis très difficile. Ça passe ou ça casse!: «Je n'ai pas regardé d'autres métiers. J'ai juste dit: je veux devenir cela et je vais mettre tous les efforts pour que ça marche.» (Francis). Plutôt que de s'ouvrir à d'hypothétiques alternatives, ils préfèrent envisager un report de leur projet d'études à l'année suivante, en redoublant d'efforts d'ici là: «Je sais que c'est ça que je veux faire dans ma vie, donc je ne veux même pas que ça m'effleure l'esprit que ceci ou cela pourrait arriver et changer mon plan. Je trouve ça trop difficile. (...) Je me concentre sur mon choix et je n'ai pas de deuxième option. Ce n'est peut-être pas sécuritaire ce que je fais, mais je demeure confiant.» (David).

Cela converge avec leur croyance énoncée antérieurement, à savoir que si on fait ce qu'il faut, on peut y arriver! Ce n'est pas une question de chance ou de destin. Bref, le succès ou l'échec, pour eux, repose strictement sur leurs efforts. Cela peut être lourd à porter, sachant qu'il peut y avoir des contextes difficiles.

Les engagés préfèrent miser sur l'information, la réflexion, l'appui de faits et la prise en compte de leurs intérêts pour mener à bien leur décision de carrière: «Moi, il faut que j'aie des preuves concrètes et des informations pour ensuite prendre une décision. Je ne peux pas juste me fier sur mon feeling.» (Simon). Les engagés ne se fient pas du tout à leur intuition, dans un contexte de décision de carrière. Ils s'en méfient: «Je n'ai pas une très bonne intuition, alors il faut que j'y pense deux ou trois fois avant de prendre une décision. (...) L'instinct, je n'y crois pas vraiment. Ce n'est peut-être pas à 0%, mais pas plus de 2%.» (Michael). La réponse est en eux. Si l'engagé prend une décision en fonction de son instinct, il a l'impression de démissionner à l'endroit de lui-même, de sa capacité d'autodétermination.

La particularité des engagés se situe d'abord dans leur conception d'un processus de prise de décision de carrière. Pour eux, il semble que ce dernier soit une affaire importante et complexe qui demande non seulement beaucoup de temps, mais de démarches responsables et autodéterminées. À la différence des rationnels, qui rejettent toute forme d'ingérence de personnes significatives, les engagés écartent tout ce qui relève des hasards de la vie, de l'arbitraire. Et à la différence des impulsifs, ils ne sont pas pressés de choisir, mais plutôt fermés à entrevoir d'autres options que celle choisie, en cas de difficultés. Enfin, à la différence des authentiques, qui sont concentrés dans l'expérience de la démarche, les engagés paraissent plus rigides, concentrés sur le résultat.

QUELS SONT LEURS BESOINS ?

Les engagés conçoivent le processus de prise de décision de carrière comme une démarche cruciale demandant beaucoup de temps et d'effort, car les conséquences sont jugées fondamentales au dessein de leur avenir. Il s'agit pour eux d'une activité exigeante et lourde, générant une pression importante, notamment parce que rien n'est laissé au hasard. Ils évaluent les informations et leurs options à court et à long terme, mais reviennent souvent au même projet, c'est-à-dire à leur point de départ. Bien que ces allers-retours puissent témoigner d'une certaine prudence, ils peuvent également être la manifestation d'une part importante d'incertitude et d'hésitation.

Les jeunes de ce profil semblent posséder des ressources suffisantes pour recueillir des informations sur les programmes d'études, les professions et les secteurs d'activité professionnelle. Toutefois, leur fonctionnement psychologique semble empreint d'exigences élevées quant à leur responsabilité (unique) en matière de prise de décision de carrière. Dans certains cas, il serait intéressant d'investiguer la piste de l'anxiété de performance. À cet égard, explorer et évaluer le niveau de stress, voire d'anxiété vécue relativement à la prise de décision de carrière peut être une forme d'intervention pertinente. Si tel est le cas, à quel point cela peut-il contaminer la capacité de la personne à recueillir et à traiter des informations à propos d'elle-même et des options de carrière qui lui sont accessibles ? Rappelons que leur autodétermination se conjugue avec une faible volonté de compromis et un rejet ferme de toute forme d'influence intangible, non contrôlable (la chance, le destin ou l'intuition). Cette fermeté, voire ce manque de flexibilité, pourrait se traduire en exigences élevées et allonger un processus décisionnel sans compromis, ni ingérences incontrôlables.

COMMENT LES AIDER ?

Accompagner l'engagé, c'est prendre en compte un état d'incertitude et d'indécision, des attitudes et des comportements peu flexibles et une importance parfois démesurée conférée au choix d'une carrière et aux conséquences liées à une erreur en cette matière. Toutefois, cet accompagnement aide un jeune dont l'autodétermination mobilise des attitudes et des comportements justement « engagés », sans fermeture – comme pour d'autres profils – aux informations, aux conseils et autres formes de soutien d'autrui.

En tant que parent…

ADOPTER UNE POSTURE RELATIONNELLE FAVORABLE AU RESPECT ET À L'ÉCOUTE

En tant que parent, il s'agit de savoir entendre, au besoin, les manifestations de stress et d'anxiété de votre enfant lorsqu'il s'exprime sur son avenir scolaire et professionnel. Plus que tout, il faut éviter de lui dire « qu'il ne faut pas s'en faire autant… pour rien ! », car pour lui, cette décision est cruciale pour son avenir. Les engagés se soucient de contrôler leurs actions et leurs conséquences, prennent le temps nécessaire, refusent les compromis et l'influence des aléas, ce qui s'accompagne d'appréhensions importantes. Si, en raison de votre longue expérience de vie, ces appréhensions peuvent vous paraitre plus ou moins futiles et dérisoires, elles sont parfois pour eux « la fin du monde ».

Que vous ayez été vous-même ou non un engagé ou une engagée au moment de votre adolescence, vous pouvez certainement vous rappeler comment l'appréhension d'un avenir incertain en raison d'erreurs ou d'errances en matière de prise de décision de carrière était pénible. Les engagés craignent que cela retarde leur entrée sur le marché du travail, leur accès à des conditions de travail et de salaires comparables à vos pairs, voire de se retrouver dans un véritable abysse d'échec et de confusion. Par conséquent, si vous souhaitez dialoguer et aider votre enfant en regard de son avenir, entendez et respectez ses appréhensions. Être présent à l'autre, c'est démontrer sa présence et rassurer par sa disponibilité[100]. L'écoute, c'est non seulement entendre les mots de la personne, mais tout ce qu'elle communique verbalement et non verbalement en regard d'un sujet qui la préoccupe[101]. Enfin, le respect dans la perspective d'une relation aidante, c'est de voir dans l'autre son droit à ressentir, à s'actualiser, à s'aimer et à être aimé, puis d'interagir par des attitudes et des comportements compatissants en ce sens[102].

DÉCOUVRIR L'EXPÉRIENCE IMPRÉVISIBLE DE PERSONNES SIGNIFICATIVES

Une autre façon d'accompagner l'engagé, plus particulièrement en regard de sa faible volonté d'entrevoir des compromis et d'accepter l'influence possible de forces hors de son contrôle, est de lui faire voir l'expérience imprévisible de personnes significatives. Qu'il s'agisse de proches, de professionnels exerçant une profession qui l'intéresse, ou même de célébrités, il faut l'amener à voir que l'imprévisibilité des parcours de vie est fréquente. Donc, que ce soit par le biais d'échanges lors de rencontres de personnes proches et significatives ou de professionnels en exercice, sinon la participation à des

100. Egan (2005).
101. Cournoyer, Morasse, Droniou, Oligny et Desrosiers (2013).
102. Cournoyer, Morasse, Droniou, Oligny et Desrosiers (2013).

conférences, la lecture de livres ou le visionnement de vidéos sur des célébrités, l'idée est non seulement de faire la démonstration que leur parcours a souvent pu dévier de sa visée initiale, mais surtout que des ressources et des stratégies ont dû être mises en œuvre tout au long de leur démarche. Misez sur le fait que, dans les différents imprévus de la vie, on peut adopter des attitudes et des comportements qui peuvent nous servir de ressources et de stratégies pour atteindre, autrement, nos objectifs et ouvrir une voie jusque-là inattendue vers un projet encore plus satisfaisant.

L'objectif est de transformer l'idée première (s'écarter de ce qui est prévu ou planifié mène à l'échec et à la déchéance) en une idée plus ajustée et souple (rares sont les personnes qui font exactement ce qu'elles aspiraient à faire initialement). D'ailleurs, selon une étude récente[103], seulement 10% des jeunes de 25 ans réalisent exactement le plan de carrière qu'ils s'étaient donné à l'âge de 15 ans, 10 ans plus tôt! En fait, nous planifions pour engager une direction satisfaisante, mais immanquablement, nous sommes confrontés, (souvent pour le mieux) à revoir nos stratégies en regard de nouvelles données et réalités.

VISUALISER POUR MIEUX DISCUTER

Cette dernière proposition se veut plus ludique. Elle demande toutefois une certaine ouverture à l'expérimentation, à la fois de votre part et de celle de votre enfant. Il s'agit d'un exercice de visualisation portant sur les quelques projets de carrière considérés par votre enfant en fin de processus décisionnel. Comme vous pouvez vous en douter, non seulement devez-vous être personnellement à l'aise d'accompagner votre enfant dans un tel exercice, mais il importe que ce dernier se sente suffisamment à l'aise avec vous et intéressé pour que celui-ci puisse être profitable.

1. Selon que votre enfant hésite entre deux, trois ou quatre projets de carrière, procurez-vous un nombre équivalent de grands cartons ainsi que des crayons feutres de différentes couleurs, certains plus clairs, d'autres plus sombres.
2. Choisissez une pièce où vous collerez ces cartons sur les murs et indiquez le nom du projet à leur sommet.
3. Demandez à votre enfant de se placer face à l'un des cartons. Invitez-le à se visualiser en exerçant cette profession, puis à pleinement ressentir l'expérience afin d'en apprécier, positivement ou négativement, ses différents aspects. Voici un exemple de consignes que vous pourriez lui donner, lentement, afin de l'amener à se placer véritablement dans l'expérience:
   - Ferme les yeux et prends quelques grandes respirations pour te sentir calme et détendu.

103. Statistiques Canada (2015).

- Imagine-toi, dans quelques années, exercer cette profession. Imagine-toi être au travail, une journée parmi d'autres.
- Décris l'espace de travail autour de toi. Qu'est-ce que l'on y retrouve ? Est-ce que cela t'apparait beau, attrayant, stimulant ? Comment est-ce que tu vois cela ?
- Décris tes tâches de travail. Qu'est-ce que tu es en train de faire ? Sur quoi se porte ton attention ? Est-ce que cela te stimule ? Quels intérêts et quelles compétences as-tu l'impression d'exprimer et de satisfaire dans cet emploi ? Comment te sens-tu à ce moment ? Quelle émotion pourrait le mieux décrire comment tu te sens ?
- Regarde autour de toi. Est-ce qu'il y a des gens ? Que font-ils ? Comment interagis-tu avec eux ? Est-ce que ce sont des employés, des clients, des collègues, des patrons ? Comment te sens-tu en présence et en relation avec ces personnes ?
- Prends un dernier moment pour bien faire le tour de tout ce que comporte cette expérience au travail. Prends mentalement des photos de ton environnement de travail, de toi exerçant les tâches qui sont associées et des personnes avec qui tu interagis au quotidien.
- Maintenant, sors tranquillement de cette expérience d'emploi. Reviens là où tu es, au centre de la pièce, puis ouvre les yeux.

4. Répétez l'expérience avec tous les projets de carrière considérés par le jeune.
5. Prenez le temps de discuter de ce qui a été vécu, de ce qui est apparu comme des expériences agréables, tout autant que ce qui le fut plus ou moins.
6. Une fois que vous avez l'impression « d'avoir fait le tour », demandez à votre enfant de prendre un crayon feutre de couleur vive pour inscrire, sur chacun des cartons, ce qui se dégage de positif, de constructif, d'intéressant de la visualisation. Ensuite, avec un crayon de couleur plus sombre, demandez-lui d'inscrire un terme, une phrase, une idée qui reflète ce qui est plus négatif, désintéressant, préoccupant.
7. Échangez à nouveau. Cette fois, invitez votre enfant à élaborer davantage sur les points plus positifs et les points plus négatifs. En examinant les couleurs, tentez de voir ensemble les projets vers lesquels semblent aller les préférences de votre enfant.

L'objectif de l'exercice est de voir à quel point votre enfant est certain que l'expérience qu'il a visualisée se rapproche de la réalité, puis de là, de réfléchir par quels moyens il serait possible de s'en assurer. À cet égard, est-il souhaitable de se documenter davantage par des écrits sur le sujet, de rencontrer des professionnels exerçant le type d'emploi visé, d'approcher des membres du personnel d'établissements scolaires, d'entrevoir la poursuite d'un processus de prise de décision de carrière avec un professionnel de l'orientation ?

En tant que professionnel de l'orientation...

Le locus de contrôle interne des engagés les amène à vouloir contrôler leurs actions et les conséquences de celles-ci. Ce besoin de contrôle pourrait peut-être s'associer à une faible volonté de compromis et à une démarche plus lente de prise de décision de carrière. Pour plusieurs jeunes appartenant à ce profil, le processus de prise de décision de carrière sera conduit de manière autonome et déterminée, certes dans un délai plus long que d'autres, mais tout de même de manière passablement éclairée. Pour d'autres, par contre, il y a lieu de se demander si le – long – processus de prise de décision de carrière est pleinement occupé par des réflexions et des actions soutenues, ou plutôt par des enjeux tels que le stress ou l'anxiété qui étirent la durée de la démarche.

ÉCOUTER ET RASSURER POUR MIEUX STRUCTURER

À l'instar des parents, les professionnels de l'orientation doivent tout d'abord entendre et respecter les besoins qui accompagnent le locus de contrôle interne des engagés, tout en veillant à être pleinement disponibles pour rassurer, écouter et structurer la réflexion et l'action. Par des reflets, des questions ouvertes, des résumés et autres compétences relationnelles appliquées de manière empathique, vous cherchez à aider l'autre à mieux s'explorer et se comprendre[104].

ÉVALUER LES CROYANCES DE SOI EN INTERACTION AVEC SON MONDE

Considérant que la faible volonté de compromis et le rejet possible d'influences externes non contrôlables pourraient s'associer à des formes de résistance, il importe de procéder avec finesse. Tel que le souligne Aaron Beck[105], les problèmes individuels peuvent souvent découler de distorsions de la réalité fondées sur des hypothèses et des prémisses erronées, élaborées par des normes, des règles et des valeurs acquises tout au long de notre histoire d'apprentissage de vie. Par exemple: « Si je ne contrôle pas la situation, je suis à risque; si je fais des compromis, je renonce à me faire confiance; les changements, les imprévus et les aléas de la vie sont des influences que je peux annuler par un meilleur contrôle de moi. ». Ce ne sont là que quelques distorsions possibles.

Dans le cadre d'un travail auprès d'un engagé, il s'agit de s'intéresser à mieux comprendre comment cette personne évalue les différentes situations relatives à une prise de décision de carrière. Comme se juge-t-elle? Comment juge-t-elle le monde autour d'elle, les autres? Ultimement, il s'agit

104. Pour un rappel rapide des différentes compétences relationnelles avec descriptions détaillées et illustrations à l'appui, consultez Cournoyer, Morasse, Droniou, Oligny et Desrosiers (2013).

105. Cette part des travaux de Beck est abordée sous un angle s'appliquant aux pratiques du counseling de carrière dans Cournoyer (2017d).

de mieux comprendre comment l'engagé donne du sens au monde qui l'entoure et aux possibilités qui s'offrent à lui.

Il importe, comme le souligne Albert Ellis[106], de porter attention aux croyances erronées pour pouvoir ensuite mieux les questionner. L'auteur aborde à titre d'exemple différents phénomènes dont les suivants:

- « Must-urbation » : « Il faut ; je dois » ;
- Généralisations à propos de soi et du monde : « Je suis meilleur que les autres », « La profession de... est faite pour les personnes sans ambition », « Telle université est la meilleure » ;
- Absolus : « Il y a deux façons de voir les choses : ou bien tu avances, ou bien tu recules », « Ou bien tu es un gagnant, ou bien tu es un perdant ».

Toutes ces croyances peuvent être questionnées. Il s'agit tout simplement de demander à la personne d'élaborer son raisonnement à partir de sujets qui apparaissent émotivement sensibles : « Que veux-tu dire par... ? », « Tu dis qu'il n'y a que deux façons de voir cela, pourrait-il y en avoir d'autres ? », « Tu dis être meilleur, mais qu'est-ce que ça veut dire être meilleur ? ».

ALLÉGER L'ANXIÉTÉ DÉSORIENTANTE POUR MIEUX ÉTENDRE SES PERSPECTIVES

Il existe différentes modalités d'intervention liées à l'expérience du stress et de l'anxiété en contexte de prise de décision de carrière[107]. Nous vous suggérons une démarche en trois étapes qui peut s'échelonner sur une ou plusieurs rencontres. Celle-ci peut être mise en œuvre lorsque vous constatez une situation d'impasse décisionnelle. À ce moment, arrêtez-vous pour intervenir sur un enjeu central de traitement d'information à propos de soi en relation avec son monde.

Étape 1 : Évaluation d'une situation jugée insatisfaisante

Revenez d'abord sur le motif de consultation de la personne, les expériences vécues, les démarches réalisées à ce jour, les difficultés et les autres écueils rencontrés par rapport à sa capacité de prendre une décision de carrière éclairée. Avec empathie, attardez-vous, entre autres, aux résistances au changement (peurs, doutes, craintes, appréhensions) de la personne.

Étape 2 : Exploration et schématisation cognitive, affective, comportementale et sensitive de l'expérience d'indécision de carrière

En fonction d'une situation problématique donnée, tentez d'identifier et de mettre en relation les pensées, les humeurs, les comportements ainsi que les sensations qui s'activent chez la personne au moment où elle vit une montée de stress ou d'anxiété par rapport à sa décision de carrière. Il sera alors possible de schématiser les éléments centraux d'activation d'ordre

106. Ellis et Harper (2010).
107. Cournoyer (2017d).

cognitif, affectif, comportemental et sensitif (pensées, émotions, comportements, sensations) et d'examiner comment, concrètement, les uns affectent les autres. Cela permettra, entre autres, d'identifier quel élément est le plus central pour engager une intervention plus ciblée.

Étape 3 : Confrontation empathique des appréhensions de manière à proposer une nouvelle perspective cognitive

Écoutez (et entendez) la personne dans ce qui engendre son incapacité d'agir, son impasse. Par exemple : « J'ai peur de décider trop vite, de me tromper, puis de manquer mon coup et de retarder mon entrée sur le marché du travail. » Par la suite, amenez la personne à faire appel à ses ressources d'expérience pour ajuster ses représentations du problème[108]. Voici une illustration d'une intervention possible :

Professionnel : Est-ce qu'il t'est déjà arrivé dans ta vie, en lien avec des décisions scolaires ou de carrière, ou dans n'importe quelle autre zone de ta vie (la famille, les amis, les sports, les relations sociales, peu importe) d'avoir vécu une situation où tu avais aussi eu peur de te tromper, de manquer ton coup, puis que finalement, ça s'est avéré pas si pire, moins pire que tu pouvais le penser ?

Jeune : Non pas vraiment. Je n'ai jamais eu à prendre de décision de carrière comme cela avant !

Professionnel : Prends le temps de réfléchir. Ça n'a pas à être une grande réalisation, juste quelque chose où tu es passé d'un état initial de peur, de crainte, à une solution efficace, plus fonctionnelle.

Jeune : Bien, je me rappelle que plus jeune, ma mère m'avait demandé de choisir entre m'inscrire au baseball ou au soccer pour l'été. J'avais une préférence pour le soccer, mais tous mes amis allaient vers le baseball. Je craignais de me retrouver seul, en plus de peut-être ne pas aimer cela.

Professionnel : Et pour en arriver à une décision qui s'est avérée pas si pire au final, comment as-tu procédé ?

Jeune : J'en ai parlé à ma mère. Elle m'a fait réfléchir à ce qui comptait le plus pour moi, à ce que ça me ferait si je jouais au baseball plutôt qu'au soccer, ainsi que l'inverse, à la manière que cela pouvait affecter la présence de mes amis dans ma vie si j'allais vers l'un plutôt que l'autre.

Professionnel : Et alors ? À quelle décision en es-tu venu, mais **surtout**, de quelle manière l'as-tu prise ?

Jeune : J'ai décidé d'aller jouer au soccer. Je me suis dit que le plus important est de faire ce que j'aime. Si mes amis sont vraiment des amis, il serait possible de continuer de les voir, dans d'autres contextes. Sinon, je pourrais aussi m'en faire de nouveaux, au soccer.

---

108. O'Hanlon et Weiner-Davis (1995).

Professionnel : En t'écoutant, j'entends que tu as déjà utilisé des ressources pour traverser une situation d'impasse décisionnelle. Nous avons parlé plus tôt de ce qui te bloquait émotionnellement à prendre une décision de carrière. J'aimerais toutefois te proposer une autre façon de voir. Tu veux bien ?

Jeune : Oui, bien sûr, ça m'intéresse.

Professionnel : Voici. Je comprends que d'une part, tu as peur de prendre une décision de carrière trop rapidement et d'en subir des conséquences. D'autre part, j'entends que cela peut être moins pire si tu prends d'abord le temps d'en parler à ta mère ou à des personnes significatives autour de toi pour avoir leur avis, de t'arrêter à réfléchir sur ce qui t'intéresse vraiment, puis de te faire confiance quant à ta capacité de « te retourner de bord » lorsque tu dois t'adapter à un changement. C'est bien cela ?

Jeune : Oui, en effet, j'aime prendre le temps de bien faire les choses pour mieux les assumer.

Professionnel : Alors, je te propose que nous examinions aussi d'autres situations où tu as également eu à assumer des décisions difficiles, à risque, pour voir comment tu pourrais t'inspirer de tous ces moyens et ressources pour traverser la présente situation.

L'important ici n'est pas de chercher à reproduire telle quelle la démarche et le scénario proposé, mais plutôt de s'en approprier les principes d'évaluation, d'écoute et d'accompagnement. Il s'agit également de respecter, d'entendre et de reconnaître la légitimité des appréhensions de la personne, mais aussi de rechercher les ressources personnelles qu'elle peut mobiliser à travers ses expériences antérieures, de manière à proposer une nouvelle perspective plus riche et plus souple d'action décisionnelle.

UNE DESTINATION, PLUSIEURS ROUTES

Une autre piste à travailler avec les engagés concerne leur faible volonté à faire des compromis. Il semble, à travers leur discours, que la notion de compromis soit associée à l'idée de renoncement à soi, à ses aspirations, à ses valeurs, à son image de soi. Vous pouvez faciliter l'exploration de nouvelles options de parcours, et peut-être alléger leur niveau de stress, en présentant la notion de compromis comme une « stratégie » (plutôt qu'un renoncement). Pour ce faire, il faut respecter leur faible volonté de compromis et d'autodétermination en cherchant plutôt à les aider à générer (par eux-mêmes, par votre soutien) plus de « routes » (d'éventuels plans B, C, D) pouvant conduire à la même destination (plan A). Chaque option présente d'ailleurs ses avantages et ses inconvénients. Il est donc ici question de stratégies alternatives pour atteindre un même objectif.

Toutefois, il faut aussi prévoir le cas possible où le plan A, l'objectif de carrière visé, puisse ne pas être réalisable pour diverses raisons. À ce moment, il faut respecter l'engagé s'il désire ne pas disperser ses énergies sur plusieurs cibles, mais tout mettre sur le plan A. À ce moment, le compromis à intégrer pourrait tout simplement porter sur l'identification de ressources, dont vous, que l'engagé pourrait contacter rapidement en cas de besoin pour trouver une autre piste. L'important est que cela fasse partie d'un plan où l'engagé se reconnait le principal contributeur et où il a l'impression que ses stratégies maintiennent son image de lui-même en contrôle de sa situation.

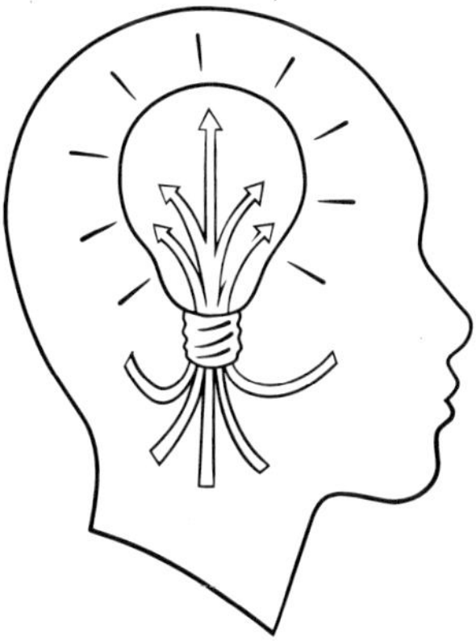

CHAPITRE 6

LES INSPIRÉS

Les inspirés sont représentés par une ampoule allumée, dont l'éclat est illustré par des traits allant dans plusieurs directions possibles, à partir de plusieurs sources d'alimentation. À cet égard, les inspirés peuvent s'inspirer et se mobiliser à partir de plusieurs sources d'influence et considérer plusieurs avenues décisionnelles possibles.

QU'EST-CE QUI LES CARACTÉRISE ?

Les inspirés se distinguent des autres profils sur 5 des 12 dimensions.

	LOCUS DE CONTRÔLE	
Externe	Le degré de contrôle que la personne croit avoir sur son avenir (ses décisions ont un impact direct sur ses opportunités de carrière VS l'avenir est déterminé par des facteurs externes comme la chance ou la destinée).	Interne
	RAPIDITÉ DE PRISE DE DÉCISION	
Lente	Le temps dont a besoin la personne pour prendre sa décision finale après que la collecte d'information soit terminée.	Rapide

Faible	**DÉPENDANCE ENVERS LES AUTRES** À quel point la personne prend l'entière responsabilité de la prise de décision (même en consultant autrui), par opposition à l'attente qu'une autre personne prenne la responsabilité de la décision.	**Élevée**
Faible	**DÉSIR DE FAIRE PLAISIR AUX AUTRES** À quel point la personne tente de satisfaire les attentes des personnes qui lui sont significatives.	**Élevé**
Beaucoup	**UTILISATION DE L'INTUITION** À quel point la personne prend en considération son intuition dans la prise de décision.	Peu

COMMENT FONCTIONNENT-ILS ?

Les **inspirés**, tel que leur nom l'indique, sont frappés par une lumière « orientante » ! Leur inspiration n'est pas le produit de longues réflexions et démarches, organisées, exhaustives et progressives (ex. : recueillir, traiter, analyser et confronter des informations à propos de soi, des programmes d'études, des professions), mais plutôt d'une illumination, d'une idée émergente provenant du destin, des autres ou d'un instinct indescriptible.

Chez les inspirés, ce qu'ils sont, la construction d'eux-mêmes, est principalement attribuable à des forces externes : « Ça ne me décrit pas d'être confiante face à l'avenir parce qu'en fait, on ne sait jamais ce qui peut arriver dans la vie. On ne connait pas les rencontres ou les obstacles possibles. C'est le futur, alors on ne sait pas. Parfois nos gouts changent. » (Jade). Il y a toujours quelque chose qui peut arriver et venir tout changer ! Et par conséquent, l'inspiré préfère ne pas s'engager trop vite, tant par ses comportements que ses pensées, dans un projet qui peut être totalement réorienté par le destin : « Je prévois être accepté au cégep, mais on ne va pas s'aventurer trop vite parce qu'on ne sait jamais ce qui peut se passer. » (Anthony).

Le destin est pour plusieurs personnifié, sinon « divinisé » comme une entité prenant d'un lieu lointain les décisions sur eux, sur leur parcours : « Je ne sais pas si vous croyez en Dieu, mais moi, oui. C'était déjà prédit ce que j'allais faire, alors je ne fais que faire les choses nécessaires pour y arriver. (...) Il y a un proverbe qui dit : Dieu dispose. (...) Si ce n'est pas comme ça que Dieu l'a décidé, bien ça va changer, il y aura des changements. » (Frédérique). La détermination de soi par le destin, sinon la chance ou le hasard, n'est pas nécessairement quelque chose de négatif pour ces jeunes. Quoiqu'il arrive, une décision, qu'elle mène ou non au résultat escompté, ouvre sur d'autres possibilités : « Je pense que je vais prendre ma décision, puis si c'est fait pour arriver, bien, ça arrivera. Et peut-être aussi que ça ne marchera pas parce qu'il y a quelque chose de meilleur qui m'attend. » (Ariane). La force induite au déterminisme de soi par l'extérieur peut varier d'un individu à l'autre. Chez certains, l'extérieur agit, mais l'individu a pour responsabilité de réagir : « Il se peut que le destin ait une incidence. Admettons qu'il arrive quelque chose qui fasse dévier un peu ma voie, il faudrait que je me force pour retourner aux études. » (Antoine).

Les inspirés ne sont pas sans engager de démarches, mais il est important pour eux de prendre le temps, de ne pas aller trop vite, pour en arriver petit à petit à une pleine certitude : « Tu ne peux faire ça sur un coup de tête, en cinq minutes. Ça te prend du temps, des recherches. » (Guillaume). « J'ai vraiment pris le temps de m'informer et de réfléchir pour savoir si c'est vraiment ce que j'aime, si ça reflète vraiment ma personnalité. » (Laurie).

Même ce qui illumine sur le moment peut s'assombrir et laisser place à une autre voie de lumière : « C'est sûr que même rendue au cégep, ça va continuer de tourner dans ma tête pour voir si je fais vraiment le bon choix (...) Je sais que c'est ce que je veux faire, mais d'un coup que je n'aime pas ça, qu'est-ce que je pourrais faire d'autre ? À ce moment, j'essaierai de trouver, de décider de nouveau (...) Je ne peux pas m'en empêcher. » (Chloé).

Prendre une décision est quelque chose qui doit se faire lentement, mais sûrement. En allant trop vite, on perd pied, on s'égare : « J'ai tendance à vouloir reculer, car j'ai l'impression d'être allée trop vite dans mes recherches. Je regarde alors derrière pour voir si j'ai tout fait comme il faut. » (Marianne).

L'illumination peut également provenir de l'avis et des conseils de personnes jugées significatives. L'influence des autres est possible, voire normale : « Les attentes vont avoir un impact parce que si tout le monde s'attend que je fasse ça, c'est sûr que ça va m'influencer un peu. » (Antoine). Les relations familiales (parents, fratrie) et amicales peuvent influencer, mais de manière différente, leur processus de prise de décision de carrière. Les parents, ce sont ceux en qui ils ont confiance. Les certitudes et les hésitations des inspirés sont celles que leur reflètent leurs proches : « Je vais prendre la décision par moi-même, mais j'aimerais avoir l'avis de mes parents ou de ma sœur. C'est juste pour être certaine de vraiment prendre la bonne décision et que je ne suis pas dans le champ. » (Joanie). Les amis, ce sont ceux qui leur ressemblent. Pour un inspiré, le fait que son ami le connaisse et lui ressemble fait de l'ami un juge tout aussi bon que lui pour prendre ses décisions, tout comme pour entretenir des hésitations : « Je me fie à ma meilleure amie. On a la même mentalité. Elle sait comment je suis, alors si elle voit que je fais quelque chose qui ne semble pas correct, c'est certain qu'elle va me le dire et comme ça, je pourrai faire un choix qui me ressemble plus. » (Caroline). Les inspirés reconnaissent aussi les connaissances et l'expérience des professionnels de l'orientation et ceux exerçant les professions qui les intéressent. Ils souhaitent également partager l'expérience décisionnelle : « Je préfère avoir les avis de tout le monde, l'information de chacun. (...) Je vais me fier à la comptable à qui j'ai parlé ce matin, à la comptable sur Academos, aux explications de la madame d'orientation. » (Samantha).

Prendre la bonne décision, c'est entre autres décider ce qui convient à la fois pour soi et pour les autres: «Je ne vais pas faire un métier que ma mère n'aimerait pas et qui la décevrait. Donc, je suis certaine que je vais faire quelque chose qui va plaire à toute ma famille et qui va rendre tout le monde fier de moi. » (Caroline). Plaire, c'est rejoindre les attentes et répondre aux exigences de la famille, notamment en regard de la poursuite d'études: « Lâcher l'école et aller travailler dans un McDonald's toute ma vie, c'est sûr que ce n'est pas satisfaisant pour bien du monde. Ma mère est quand même exigeante pour les études. » (Philippe). Pour les inspirés, il vaut mieux être en accord sur les questions relatives à une décision de carrière afin de maintenir la qualité des liens: « Il faut que ça puisse satisfaire mes parents parce que ce sont eux qui paient pour mes études. En même temps, il faut que ça rejoigne mes parents, mais que ça me rejoigne aussi, parce que ce sera tout de même moi qui vais faire le métier. » (Justine).

Enfin, les inspirés peuvent s'inspirer d'eux-mêmes, de manière spontanée et impalpable, c'est-à-dire par instinct. L'instinct, c'est de ressentir ce qui est bien, bon et juste: « Selon moi, c'est à l'intérieur de toi que tu vas le ressentir. C'est ça ton instinct. Tu vas savoir ce qui est bon ou moins bon pour toi. » (Sophie). Autrement dit, savoir, c'est ressentir. Décider, notamment d'une carrière, revient ici à se mettre en contact avec ses sentiments au regard d'un programme d'études, d'une profession, puis de faire confiance à ce qui en découle: «J'ai tendance à faire confiance à mon instinct. Tu te fermes les yeux, tu pointes quelque chose et c'est là que tu guides ton instinct. (...) Je ne sais pas comment le dire. Je fais confiance à mon instinct et en même temps je fais mes recherches. » (Isabella). L'instinct permet de se laisser guider vers la vérité par les signes et les impressions plus ou moins clairement identifiés: « L'intuition, c'est le sentiment que tu vas aimer ça. Tu ne penseras pas à quelque chose que tu ne vas pas aimer. Si tu as l'impression que tu vas aimer ça, pourquoi ne pas l'essayer? » (Philippe).

Pour certains inspirés, tout le processus décisionnel repose sur l'intuition: « Oui, je me fie à mon intuition. Je me fie au fait que j'aime ça et que ça me passionne. Je n'y vais pas avec la logique, j'y vais avec ce que je ressens, avec mon intuition. » (Pria). Pour d'autres, l'intuition n'est pas tout, mais c'est prioritairement cela qui guide le processus décisionnel: « Si tu as des doutes dans ta tête, si tu as plein de petites questions sans réponse, alors ton intuition te dit de ne pas y aller, de ne pas faire ce choix-là. Je mettrais 85 % pour mon intuition et 15 % pour le reste. » (Nisse). L'instinct fait donc partie de l'histoire décisionnelle de ces jeunes: «Je trouve que mon instinct a souvent raison à propos de mes intérêts (...) J'ai les mêmes intérêts depuis toujours. Je n'ai jamais vraiment été quelqu'un qui fait de gros changements dans sa vie. Je pense que mon instinct devrait être pas mal correct à propos de mon choix. » (Marie-Ève).

Les inspirés détonnent des quatre autres profils examinés jusqu'à présent. En comparaison aux authentiques et aux rationnels, ils sont très peu engagés dans une démarche structurée, exhaustive et séquentielle de recueil et de traitement d'informations sur soi et sur le monde. Et contrairement aux spontanés et aux engagés, ils attendent que le monde vienne vers eux. Enfin, à la différence des authentiques, qui considèrent l'avis des autres comme une ressource parmi d'autres en termes d'informations à recueillir et à traiter, les inspirés se placent plutôt en position d'attente et de dépendance à leur endroit.

QUELS SONT LEURS BESOINS ?

Les inspirés ont-ils des besoins ? Ou alors, est-ce nous qui en avons pour eux ? L'orientation est de plus en plus portée par un courant où nous nous construisons en interaction avec des environnements et des contextes de vie changeants, imprévisibles, propres à notre réalité. Bien que l'on puisse reconnaitre l'imprévisibilité des parcours, ainsi que le rôle possible des hasards, des évènements, des rencontres, des relations, etc. sur ceux-ci, il est convenu qu'à la base, chaque personne présente un certain pouvoir d'agir. Dans cet esprit, l'orientation consiste de nos jours, plus que jamais, à contribuer au développement de la compétence à s'orienter des individus, et ce, par le transfert de leurs apprentissages de vie[109]. Pourtant, les inspirés semblent passablement à l'aise avec l'idée de laisser la vie, les gens, les évènements et leurs sentiments les porter vers un avenir professionnel imprévisible.

Les inspirés s'affichent comme des personnes ouvertes à différentes formes d'influence. Alors, pourquoi ne pas examiner avec eux celle qui semble omise dans leur processus : leur pouvoir d'agir ! Autrement dit, sur quoi peuvent-ils avoir du pouvoir, voire une certaine emprise ? Comment pourraient-ils faire en sorte d'accroitre les chances de voir leur vie se réaliser selon leurs intérêts, leurs valeurs, leurs besoins dominants ? Sans aucunement renoncer à la part d'influence notable des forces de contexte, quels sont les moyens et les stratégies qui peuvent accroitre le pouvoir des inspirés sur leurs décisions et leur parcours ? Ce type d'interrogation peut être traité au nom du besoin d'ouverture « existentielle » des inspirés.

Les jeunes appartenant à ce profil se caractérisent également par la volonté d'harmoniser le plus possible leurs intérêts et leurs aspirations à ceux de personnes qui leur sont chères. Contrairement aux rationnels ou aux spontanés, les inspirés sont très ouverts aux conseils et aux autres formes de soutien d'autrui sur leur processus de prise de décision de carrière : parents, fratrie et famille élargie, amis et conjoints, membres du personnel enseignant et professionnel de l'école. D'une part, cela les rend plus disponibles à bénéficier des informations et des ressources accessibles. D'autre part, leur désir de plaire et leur dépendance aux autres font en sorte

109. Michaud (2006).

que leur entourage, en premier lieu leurs parents, doivent être conscients qu'ils peuvent, malgré eux, malgré leur sincère désir d'offrir les meilleures options, influencer la direction décisionnelle de leur enfant, et ce, au risque que ce dernier aille à l'encontre de ce qu'il aurait pu « individuellement » décider. À cet égard, les inspirés ont besoin d'être soutenus, mais aussi d'assumer au premier chef leur autonomie décisionnelle.

Enfin, les inspirés accordent beaucoup d'importance à leur intuition. Soudainement émerge à eux une idée, un sens, une direction, sans que cela puisse être explicable. L'intuition[110] consiste en l'émergence – rapide, inconsciente, holistique – d'idées sans procédures apparentes de raisonnement préalable. Elle émerge par un amalgame d'idées, d'affects et de sensations momentanées qui donnent le sens nécessaire pour (enfin!) engager des réflexions et des actions décisionnelles. À ce moment, sans trop s'expliquer pourquoi ni comment, la personne pourra alors se dire: « Je le sens, ça a du sens, c'est dans ce sens que je dois aller... »[111] Le hic avec l'intuition, c'est qu'elle est si insaisissable et impalpable qu'il devient difficile d'en faire usage pour aider la personne à faire des apprentissages sur elle-même. Toutefois, dans une perspective éducative de l'orientation où il importe d'aider la personne à développer ses compétences et son autonomie décisionnelle, il est possible de voir l'intuition comme le résultat d'un processus. En cherchant à explorer, analyser et mieux comprendre comment l'idée émergente peut se rattacher à des démarches, des réflexions, des raisonnements, des analyses de la part de la personne, il est possible de l'aider à prendre conscience de sa façon de procéder et de là, entrevoir des ajustements possibles. Bien qu'une intuition soit passablement difficile à décrire et à comprendre, il vaut quand même la peine de l'utiliser comme raison de dialogue et de réflexion avec les inspirés pour les aider à accroitre leur connaissance d'eux-mêmes.

COMMENT LES AIDER ?

En tant que parent...

SE DEMANDER POURQUOI OUI, POURQUOI NON

Quel est le pouvoir d'agir des inspirés? Sans remettre en question leur conception de la prise de décision de carrière – selon laquelle notre destinée est soumise à des forces de contexte hors de notre contrôle – il y a lieu tout de même de voir des possibilités d'emprises. Et comme les inspirés accordent une forte crédibilité au soutien des parents, vous pouvez travailler à les aider à renforcer leur pouvoir décisionnel.

1. Réalisez ensemble des démarches d'exploration de programmes d'études et de professions sur les sites Internet d'information à ces fins,

110. Hodgkinson, Langan-Fox et Sadler-Smith (2008).
111. Cournoyer (2015).

sur les réseaux sociaux et *YouTube*[112], puis éventuellement vers les services de mentor en ligne tel *Academos*[113].

2. Examinez les programmes d'études ou les professions en vous demandant, pour la plupart: « Pourquoi oui... ? » (Pourquoi ce programme pourrait être intéressant et pertinent) et « Pourquoi non ? » (Pourquoi ce programme est-il jugé inintéressant et non pertinent?).
3. Divisez une feuille blanche en trois colonnes verticales. Lorsqu'un programme d'études est considéré dans les « Pourquoi oui ? » inscrivez celui-ci dans la première colonne. Dans les deux colonnes suivantes, demandez à votre enfant d'identifier deux situations actuelles ou passées où il a démontré des intérêts et des capacités qui vont le moindrement dans la direction de cette option. Idéalement, amenez-le à choisir des situations provenant de contextes différents: études, travail étudiant, relations sociales, activités sportives, etc.
4. Faites de même pour les options rejetées (« Pourquoi non ? ») en misant sur les situations actuelles ou passées qui démontrent un désintérêt ou un manque de capacités en lien avec cette option.

POURQUOI OUI ?	SITUATION 1	SITUATION 2
Psychologue	Sans que cela soit demandé à l'école, je m'intéresse librement à des livres sur la psychologie pour savoir comment fonctionnent les personnes.	Lorsque mes amis vivent des choses difficiles, ils viennent souvent vers moi, car je les écoute, je ne les juge pas, je les amène à trouver leurs propres solutions.

112. À l'instar d'autres types d'intervention, l'usage de vidéos disponibles sur *YouTube* peut également servir les besoins de soutien des jeunes d'autres profils de prise de décision de carrière. De manière à identifier des sources d'informations plus fiables et représentatives, nous vous invitons à prioriser la consultation des documents vidéos produits par des institutions d'enseignement reconnues (collèges, universités), des ministères (éducation, emploi), des organismes parapublics mandatés ou appuyés financièrement par l'État pour assurer la promotion et la valorisation des programmes d'études et des professions. À cet égard, sachez que les avis d'organisations ou de personnes non rattachées aux groupes susmentionnés peuvent être plus souvent représentatifs de leur propre expérience, et non le fruit de démarches rigoureuses d'organisation et de diffusion d'information.
113. Academos (academos.qc.ca) est un service de mentorat en ligne qui permet, entre autres, aux jeunes de 14 à 30 ans de dialoguer librement avec des professionnels de plusieurs catégories d'emploi dans le but de mieux connaitre les réalités scolaires et professionnelles pouvant les attendre.

POURQUOI NON?	SITUATION 1	SITUATION 2
Charpentier	Lorsque j'ai à faire des travaux manuels, je ne m'y intéresse pas, je les fais vite, pour me débarrasser.	J'ai tendance à laisser les choses brisées, le temps que quelqu'un les répare. Je ne porte pas attention à cela au point de vouloir le faire moi-même.

Pourquoi trouver deux situations à chaque option retenue ou rejetée? Parce que cela oblige la personne à «valider» ses dires! Lorsque le jeune valide une opinion sur lui-même à partir d'une expérience actuelle ou vécue, la confirmation de ses intérêts ou de ses capacités ne se fait pas à partir du jugement d'un tiers, notamment du parent, mais bien de lui-même. Plus nombreuses sont les occasions de valider par ses propres expériences ses intérêts et ses capacités, plus grandes sont les chances d'accroitre une estime (ce que je vaux), sa confiance (ce que je peux) et sa reconnaissance de soi (ce que je suis). Donc, en plus d'utiliser son intuition et les forces de contexte comme facteurs de prise de décision de carrière, l'inspiré pourra ajouter à cela une certaine part de reconnaissance de soi.

Vous pouvez aller plus loin dans cette activité en ressortant ensemble ce qui apparait de plus en plus clair, à travers les différentes validations d'expérience, ce qui revient le plus souvent comme types d'intérêts et de capacités. Votre enfant peut bien sûr poursuivre par la suite sa démarche avec un professionnel de l'orientation, mais le travail auprès de celui-ci sera sans doute plus profitable s'il arrive déjà avec une estime, une confiance et une reconnaissance plus affirmée de lui-même.

FAIRE SA CHANCE POUR MIEUX SE PRÉDISPOSER FACE AU DESTIN

Les inspirés font confiance aux personnes et à la vie pour leur montrer la voie à suivre, au moment opportun. Certains peuvent dépendre de ces forces extérieures, d'autres croient que les forces de contexte déterminent nos possibilités. Une expression dit «On fait sa chance!». Cela renvoie à l'idée que si la chance peut frapper tout le monde, tous ne sont pas toujours ouverts à tirer profit des occasions qu'elle procure. Comme parent, vous pouvez laisser votre enfant foncer dans la vie au gré des évènements, des circonstances et des rencontres. Toutefois, tout en reconnaissant la force des contextes, vous pouvez également voir avec lui comment il peut mieux se disposer à tirer profit du destin et de la chance.

Malgré les activités d'exploration de soi ou de carrière que vous pouvez réaliser ensemble, sachez que l'inspiré se posera toujours la question suivante : « Est-ce que ça vaut la peine de chercher à agir sur ma vie si le destin et la chance peuvent transformer celle-ci à tout moment ? » C'est là qu'il faut intégrer un apprentissage essentiel : le discernement de ce que nous pouvons ou non contrôler... Sans tomber dans une perspective religieuse de la prise de décision de carrière, l'exercice de « La prière de la sérénité » peut servir de point de départ à des échanges et des réflexions, puis ultimement à des actions plus autonomes et éclairées de notre enfant en regard de sa carrière. Celle-ci se présente ainsi :

Mon Dieu,
Donnez-moi la sérénité
D'accepter
Les choses que je ne peux changer,
Le courage
De changer les choses que je peux,
Et la sagesse
D'en connaitre la différence.

Pourquoi ne pas, à un moment donné dans vos démarches d'exploration et d'évaluation d'options de carrière, présenter ce court texte à votre enfant ?

1. Faites une lecture conjointe du texte et échangez librement sur ce que cela vous inspire, en regard notamment du pouvoir de votre enfant sur son propre processus de prise de décision de carrière, puis par la suite.
2. Attardez-vous ensuite à certains mots pour réfléchir ensemble sur leur sens. Par exemple : « Qu'est-ce que la sérénité ? Qu'est-ce qu'être serein, dans différentes sphères de vie, dans ses études, dans sa carrière ? Qu'est-ce que le courage ? Qu'est-ce qu'être courageux ? Qu'est-ce qu'être sage, faire preuve de sagesse, dans la vie en général ? En regard d'une décision de carrière en particulier ? »
3. Discutez des « choses que je ne peux changer » et des « choses que je peux » afin d'en connaitre mieux la différence.
4. Établissez sur quoi il est stratégique, pertinent et possible d'agir et ce sur quoi il importe de lâcher prise. Ces deux dernières étapes sont présentées dans le tableau 7, que vous pourriez reproduire à la maison.

TABLEAU 7. Ce que je peux ou non changer, ce que je peux faire

CE QUE JE NE PEUX CHANGER	CE QUE JE PEUX CHANGER	CE QUE JE VAIS FAIRE
• Les exigences d'admission pour le programme d'études que je vise; • La possibilité que mes intérêts puissent changer plus tard dans ma vie; • Mon besoin de rester proche de ma famille.	• Mes résultats scolaires; • Mieux me connaitre (ex.: ce qui compte vraiment pour moi par rapport à une carrière); • Trouver d'autres manières de satisfaire mon besoin de garder un contact régulier avec ma famille.	• Demander conseil à mes enseignants sur des stratégies que je peux prendre pour améliorer mes résultats; • Consulter les sites Internet que m'a recommandés la conseillère d'orientation pour mieux me positionner par rapport aux options de carrière possibles; • Voir comment je pourrais organiser mon transport pour revenir facilement chez mes parents, si j'étudie à l'extérieur; • Faire un horaire pour qu'eux me visitent.

Agir sur ce que je peux changer, dans un contexte de processus de prise de décision de carrière, implique, entre autres, une meilleure connaissance de soi et de ses exigences par rapport à un emploi: intérêts, valeurs, compétences, besoins, etc. Cela concerne également les ressources que l'inspiré souhaite développer et les conditions qu'il souhaite mettre en place pour faciliter sa prise de décision de carrière: structurer l'organisation de ses démarches, réaliser des actions d'exploration de carrière, rencontrer des gens exerçant des professions qui l'intéressent, augmenter ses résultats scolaires, se trouver un emploi à temps partiel pour accumuler un peu d'argent pour étudier ailleurs, s'acheter une voiture, visiter des établissements d'enseignement, etc.

PARTAGER SES APPRÉCIATIONS INTUITIVES PAR « LE PITCH ! »

Les inspirés accordent une grande importance à l'intuition comme facteur d'influence sur leur développement de carrière. Toutefois, ils accordent une place tout aussi importante au partage d'idées et à la collaboration de leurs proches dans le cadre de leur processus décisionnel.

Sous la forme d'un jeu de soirée, de fin de semaine (ou autre), nous vous proposons ici un jeu d'échange d'idées, d'impressions et d'intuitions sur la pertinence d'une carrière ou d'une autre pour votre enfant. Cela peut être fait avec un ou deux parents, mais aussi avec les membres de la fratrie, des membres de la famille élargie (cousins, cousines, tantes et oncles, grands-parents), ainsi qu'avec les amis.

L'objectif de l'activité est de partager des idées de professions avec chacune des personnes, une à la fois, afin de recueillir leur réaction spontanée (intuitive) et de là, dégager des traits de personnalité propres à votre enfant. Voici les consignes :

1. Chaque participant prépare une liste d'environ 10 professions, inscrites sur des bouts de papier pliés et déposés dans un sac ou une boite. Votre enfant pourrait, par exemple, être invité à identifier des professions qu'il considère et pour lesquelles il aimerait connaitre la réaction des autres. En tant que parent, vous pourriez inscrire celles que vous aimeriez valider auprès de votre enfant et des autres participants.
2. À tour de rôle, chaque participant pige une profession, puis décide à quelle personne il souhaite soumettre celle-ci parmi celles présentes.
3. Lorsqu'une personne se voit adresser une profession, elle s'imagine exercer celle-ci et formule une réaction spontanée **de manière non verbale** (une expression du visage, des sons, mais pas de mots). Cela peut être plutôt positif, plutôt négatif.
4. Après avoir vu la réaction de la personne, les autres participants sont alors invités à partager leur impression quant à ce que cette réaction peut vouloir dire de la personne sur sa personnalité, ses intérêts, ses valeurs, ses habiletés, son tempérament, ses besoins, etc. Pendant ce temps, la personne qui a réagi ne parle pas. Elle écoute et note ce qui la rejoint ou non dans ce qui est dit.
5. Une fois que tous ont exprimé leur avis, la personne qui a réagi : 1) explique sa réaction ; 2) indique, parmi toutes les interprétations proposées, celles qui rejoignent les traits de personnalité, les intérêts (etc.) qu'elle se reconnait.
6. Un point (c'est un jeu !) est attribué au participant dont les interprétations apparaissent être les plus proches de celles que la personne se reconnait.
7. Le jeu se poursuit ainsi jusqu'à ce que toutes les professions identifiées par chacun des participants soient épuisées.

Variante 1

Toutes les professions identifiées sont soumises aux réactions spontanées de votre enfant en situation de prise de décision de carrière. Cela assure une intervention directe et ciblée sur lui-même, ses pensées, ses représentations, ses émotions, etc.

Variante 2

Les professions identifiées sont utilisées pour chaque personne présente. Le jeune peut ainsi s'identifier à travers ses différences et ses ressemblances avec les autres, à leurs réactions, leurs façons de réagir et de se représenter telle ou telle profession.

En tant que professionnel de l'orientation...

ÉCOUTER L'INTUITION POUR MIEUX LA VALIDER

La plupart des modèles de prise de décision de carrière reposent sur des approches rationnelles et logiques. À cet égard, faut-il encourager l'intuition ou s'en méfier? Notre avis là-dessus est le suivant: il importe d'écouter ses intuitions pour mieux rationaliser leur sens «orientant». Autrement dit, l'intuition est une forme de réponse ou de résultat – difficilement explicable, difficilement saisissable – qui se dépose dans le processus décisionnel. Pour transposer les idées éparses, vagues et parfois intangibles qui accompagnent souvent l'intuition, il importe de décoder les informations recueillies.

À partir du moment où l'intuition émerge, il est important de lui accorder toute son écoute. L'écoute «totale» consiste ici à chercher à ressentir ce qu'elle nous fait vivre et porter comme sensations et émotions et ce qu'elle nous suggère de penser ou de faire. Par exemple, si l'inspiré a l'intuition qu'une carrière de policier l'amènera à vivre et à faire ce qui le rendra heureux, prenons cette réponse comme le début d'un processus.

Avant d'amorcer un échange à propos de l'intuition du jeune, il importe de se donner ensemble un cadre d'étude pour que celle-ci soit propice à la détente et à la réflexion libre. Invitez votre client à se placer dans un état physiologique favorable à ces égards. Voici un exemple de dialogue que vous pourriez avoir:

Professionnel: Avant que l'on commence, j'aimerais que tu prennes le temps de te sentir bien assis... de fermer tes yeux pour être plus en contact avec toi... de faire de même avec ta respiration, de te concentrer sur celle-ci, en t'assurant que tu respires de manière détendue. Prends tout ton temps pour aller chercher un état de confort, mais aussi de disponibilité à explorer tout ce que tu vis, ressens et penses ici et maintenant... Lorsque tu te sens prêt à débuter, tu n'as qu'à me l'indiquer... mais surtout, prends tout ton temps pour t'installer corporellement.

Jeune: Ok, je me sens prêt.

Professionnel: Excellent. Maintenant que tu es dans un état confortable, disponible et ouvert pour mieux t'explorer et te comprendre, j'aimerais que tu te concentres à prendre contact avec l'intuition que tu as eue à l'égard de devenir policier. Donc, à nouveau, assure-toi de bien contacter cette intuition.

Jeune: Parfait. Je me sens bien en contact maintenant.

La suite consiste à amener l'inspiré à prendre contact avec différentes facettes de l'expérience de la profession en question:

- Prends le temps de bien observer ce qu'il y a autour de toi dans cette expérience de policier. Ce que tu vois, les couleurs, les odeurs, ce qui bouge, ce qui reste fixe, les gens qui sont présents, ce qu'ils font...
- Prends contact avec la manière dont tu te sens, les sensations de ton corps au moment de vivre cette expérience, dans ce décor, avec ces gens, les émotions qui t'habitent, si elles sont positives, négatives, mitigées...

L'idée est de centrer la visualisation sur les sensations corporelles et les émotions afin de déjouer le langage rationalisant. Cela permet à la personne de se laisser porter dans l'expérience imagée, en n'étant pas constamment déplacée ni dérangée par ses sensations et ses émotions librement contactées.

Pour conclure, aidez la personne à revenir graduellement de la rêverie éveillée à un état de disponibilité pour la suite des activités.

À partir de ce moment, vous pouvez amorcer un travail plus axé sur les cognitions et les comportements. L'accent sera mis sur la transposition des expériences corporelles et affectives en mots, en idées, en conceptions.

- Peux-tu me raconter ce que tu as vécu comme sensations durant l'expérience de visualisation?
- Peux-tu me raconter maintenant les émotions que tu as pu vivre durant cette expérience?

En employant les compétences relationnelles appropriées, vous pourrez amener la personne à passer de l'exploration à une meilleure compréhension de soi, c'est-à-dire ce que ces expériences témoignent des intérêts, des valeurs, des besoins et autres traits de personnalité de la personne, ainsi que des besoins et des conditions qu'elle apprécie ou non dans un emploi. Les sensations et les émotions deviendront donc des cognitions (représentations, perceptions, évaluations sur l'expérience professionnelle), puis de là, des comportements (actions, réflexions) sur le plan du processus décisionnel.

LE MIROIR DE SA PERSONNALITÉ

Les inspirés se présentent comme des jeunes ouverts à l'opinion, aux conseils, aux informations et au soutien d'autrui en regard de leur processus de prise de décision de carrière. À partir du moment où ces derniers s'engagent dans celui-ci avec vous, il serait bête de ne pas tirer profit de cette situation a priori favorable. Un client qui entre dans notre bureau n'entre jamais seul... mais avec l'ensemble de son environnement et de son réseau de relations sociales[114]. Cela fait beaucoup de gens, beaucoup d'influences possibles sur la trajectoire des individus.

Pensez-y. Vous rencontrez vos clients à raison d'une heure par semaine, en moyenne. Comme la semaine compte 168 heures au total, si l'on déduit de cela les heures passées seul ou à dormir, cela laisse tout de même beaucoup d'heures où vos clients sont en contact avec d'autres personnes potentiellement significatives sur leur parcours. Tous les « autres » dans notre vie sont, par leurs attitudes et leurs comportements à notre endroit, des « miroirs » de notre estime et de notre confiance en soi ! Donc, toute intervention faisant usage du regard des autres sur le client est une piste pertinente, plus particulièrement avec les inspirés. Nous vous proposons donc un exercice à cet égard.

1. Utilisez la typologie de Holland afin de proposer six descriptions de types de personnalité : Réaliste, Investigateur, Artistique, Social, Entreprenant et Conventionnel. Assurez-vous que ces descriptions ne soient pas formelles, mais plutôt amenées à la manière d'une description de la personnalité d'un individu. L'idée est ici que le client puisse s'identifier à chacune. À ce propos, vous pouvez imaginer des prénoms féminins et masculins pour chaque profil (ex. : Roland ou Rolande pour le type Réaliste).
2. Déposez dans un document les six descriptions de profils et reproduisez le tableau 8 sur quelques feuilles blanches.

TABLEAU 8. Canevas d'exercice sur les six profils de Holland

TYPE	ORDRE	POURQUOI ?
Réaliste		
Investigateur		
Artistique		
Social		
Entreprenant		
Conventionnel		

114. Cournoyer (2017c).

3. Demandez à la personne de s'autoévaluer en regard de ces six types de personnalité. Demandez-lui d'identifier les deux qui lui ressemblent le plus (#1 et #2), celui qui lui ressemble le moins (#6), puis d'indiquer pourquoi. Par exemple :

TYPE	ORDRE	POURQUOI ?
Réaliste		
Investigateur	#1	Explications
Artistique	#2	Explications
Social		
Entreprenant	#6	Explications
Conventionnel		

4. Invitez ensuite la personne à demander à des membres de son entourage de différents statuts (parents, fratrie, famille élargie, amis, connaissances, collègues d'études ou de travail, etc.) de réaliser le même exercice en regard des perceptions qu'ils ont de la personnalité de votre client. Il importe que ces personnes soient dignes de confiance et susceptibles de lui retourner une image honnête et constructive.

À noter que cette autoévaluation peut être faite en parallèle avec l'administration d'un inventaire d'intérêts s'appuyant sur la même typologie. Il s'agit alors de demander à la personne de compléter l'inventaire, puis de réaliser cet exercice d'autoévaluation. De cette manière, elle pourra se doter implicitement des connaissances requises pour mieux comprendre ultérieurement ses résultats obtenus à l'inventaire. Il vous est d'ailleurs proposé de revenir d'abord sur l'autoévaluation de la personne avant de présenter formellement les résultats. Si cela lui permet de mieux connaitre la typologie et ses types, cela vous permettra de voir comment la personne se représente et perçoit chacun d'eux. Il deviendra alors plus facile, lors de la présentation des résultats, de vous appuyer sur les évocations d'expérience et de sens associés à chaque type, de même qu'à ajuster ces perceptions si elles sont erronées.

Retour sur l'autoévaluation

Cette étape peut se faire comme à l'habitude, à votre bureau. Toutefois, nous vous suggérons une manière plus dynamique !

1. Prenez six feuilles vierges sur lesquelles vous inscrivez chacune des lettres du RIASEC.

2. Disposez celles-ci sur le plancher de votre bureau, selon la structure théorique hexagonale classique, avec le mot « Moi » au centre :

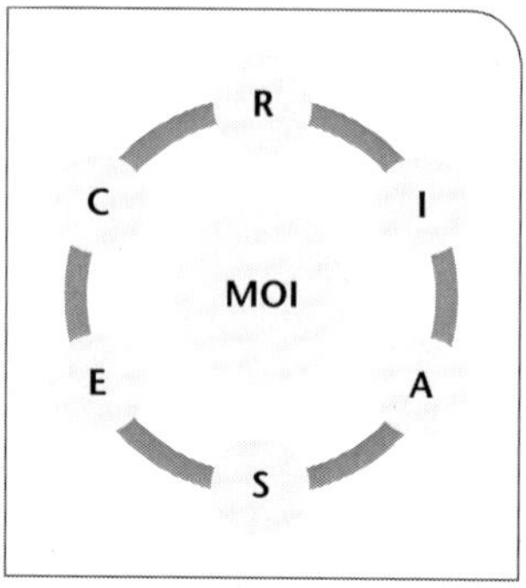

3. Voici ce que vous pouvez dire à votre client : « Je te présente le marché du travail ! Au sein de cet espace, se retrouvent toutes les professions possibles, qu'elles soient intéressantes ou non pour toi, traditionnelles ou émergentes, légales ou non. Certaines professions ont une « personnalité » qui se compose de tâches et de conditions de travail se rapprochant davantage de certains types plutôt que d'autres. Ces types sont les suivants... (dévoilez le véritable nom des types de personnalité). Sans aucun doute, les professions pouvant mieux rejoindre tes intérêts se positionnent dans une zone de cet espace, peut-être directement ou très près d'une lettre en particulier, sinon entre deux ou trois d'entre elles, en penchant davantage vers l'une ou l'autre. »
4. Demandez à la personne de se positionner sur la lettre qui correspond au type de personnalité qui lui « ressemble » le plus.
5. Demandez-lui pourquoi elle se voit plutôt là que sur les autres lettres, en pointant chacune d'entre elles.

   Cela lui permettra non seulement de se décrire, mais de clairement percevoir et ressentir son positionnement de personnalité professionnelle. Au besoin, avec prudence et jugement, vous pourriez apporter des informations quant aux tâches et aux conditions de travail pouvant être rattachées à des professions liées à chaque lettre.
6. Demandez à la personne de se déplacer vers la deuxième lettre, puis recommencez l'exercice.

   Tout au long de l'activité, vous pouvez intervenir par des compétences relationnelles afin de refléter, questionner, résumer, etc. ce qui se dégage de l'échange (traits de personnalité qui semblent importants pour la personne, programmes d'études ou professions qui pourraient particulièrement l'intéresser, etc.). Notez ces éléments sur une feuille ou mieux, au mur. Dans les deux cas, la personne peut prendre une photo de ce qui se dégage de ce travail.

7. Une fois les deux premières lettres traitées, demandez à la personne où elle se positionne par rapport aux deux types de personnalité les plus prépondérants : se voit-elle au milieu ou plus près de l'un que de l'autre ?

   À ce moment, il devient possible de composer un profil plus personnalisé qui est, en quelque sorte, la composition d'éléments propres à chacun des types. Nous construisons du sens, tranquillement...

8. Réalisez la même démarche pour le type qui ressemble le moins à la personne (selon elle).

9. Prenez trois feuilles blanches pour chaque personne sollicitée par le client. Sur chacune, inscrivez : 1) le prénom de la personne ; 2) le type de personnalité identifié ; 3) son rang selon son évaluation (1, 2 ou 6).

10. Sur le plancher, placez d'abord les feuilles où l'on voit les types les plus présents (#1) pour chacune des personnes sollicitées. Déposez celles-ci sur les types, puis faites de même avec les deuxièmes types les plus présents (#2). Voici des questions pouvant alors animer l'intervention :

    a. Que constates-tu lorsque tu regardes où se répartissent le plus et le moins les évaluations de tes proches ?

    b. Pourquoi, selon toi, (telle personne) te perçoit ainsi ? À quel point es-tu d'accord ? Pourquoi ?

    c. Qu'est-ce que tout cela dit de la manière dont les autres te perçoivent ?

    d. Que pourrions-nous retenir de l'évaluation des autres en regard de ce qui semble être, pour eux comme pour toi, des traits de personnalité qu'il faudrait obligatoirement retrouver en emploi ?

11. Inscrivez ce qui se dégage de la dernière question sur le tableau ou sur la feuille prévue à cet effet, puis réinstallez-vous à votre bureau. Vous pouvez alors prendre le temps de poursuivre l'exercice quant à la perception du client à l'endroit d'autres types n'ayant pas fait l'objet de discussion.

12. Demandez à la personne de retenir un minimum de 3 et un maximum de 10 caractéristiques de personnalité qui semblent être les plus importantes à retrouver dans un programme d'études ou une profession. Il importe de mettre une limite, car cela force des processus cognitifs de différenciation, de hiérarchisation et de comparaison d'éléments, ce qui est signe d'une progression de l'action décisionnelle. Cela vous permet alors de passer, le cas échéant, à la présentation et à l'interprétation des résultats d'un inventaire d'intérêts basé sur la même typologie, avec déjà beaucoup de contenus réflexifs abordés.

Vous pourriez également poursuivre le travail d'évaluation des autres à d'autres niveaux :

- Analyser et expliquer l'écart possible entre les perceptions de soi et celles des autres ;
- Comprendre les raisons pouvant motiver ces autres personnes à identifier des types selon la nature de leur relation avec votre client ;
- Chercher à identifier le profil type de chacune de ces autres personnes afin d'engager un exercice d'identification de soi par différenciation d'autrui ;
- Etc.

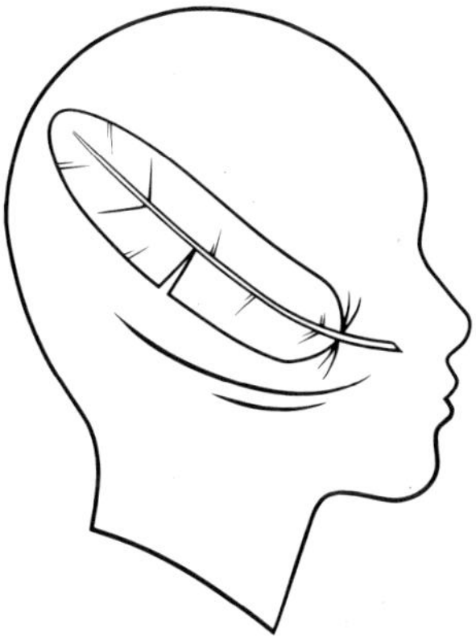

CHAPITRE 7

LES TRANSPORTÉS

Les transportés sont représentés par une plume dans le vent dont le mouvement peut la diriger vers des avenues libres, hasardeuses et inconnues. À cet égard, les transportés jugent que la vie se compose de forces de l'environnement qui peuvent les faire virevolter vers plusieurs avenues possibles, notamment de carrière, et ce, malgré les efforts qu'on peut déployer pour influencer la direction.

QU'EST-CE QUI LES CARACTÉRISE ?

Les transportés se distinguent des autres profils sur 4 des 12 dimensions.

	LOCUS DE CONTRÔLE	
Externe	Le degré de contrôle que la personne croit avoir sur son avenir (ses décisions ont un impact direct sur ses opportunités de carrière VS l'avenir est déterminé par des facteurs externes comme la chance ou la destinée).	Interne
	CONSULTATION DES AUTRES	
Rare	À quel point la personne a besoin de consulter autrui durant les différentes étapes du processus décisionnel.	Fréquente

Faible	**VOLONTÉ DE COMPROMIS** À quel point la personne est ouverte aux options et solutions de rechange et à faire des compromis lorsqu'elle fait face à des difficultés.	**Élevée**
Beaucoup	**UTILISATION DE L'INTUITION** À quel point la personne prend en considération son intuition dans la prise de décision.	Peu

COMMENT FONCTIONNENT-ILS ?

Les **transportés** abordent le processus de prise de décision de carrière comme une démarche pouvant être modifiée au gré d'évènements, de rencontres et d'autres hasards de la vie. « On ne sait jamais, qui sait? » est en quelque sorte une conception phare de leur processus de prise de décision de carrière. Tel que le souligne Jérémie : « Plein de choses pourraient m'amener à changer. On ne sait jamais ce qui peut arriver demain, donc c'est important de pouvoir faire confiance au destin. Rien n'arrive pour rien. S'il arrive quelque chose pendant mes études, alors je choisis de faire confiance à ça. »

Les transportés restent ouverts à changer complètement de trajectoire de vie au cas où de nouvelles opportunités s'offriraient à eux : « Je fais des recherches, puis selon ce que je découvre, les choses peuvent changer. C'est sûr que le destin influence la vie et que malgré tes choix, ça peut virer de bord quand même, que tu le veuilles ou non. » (Véronique). Plusieurs se reconnaissent la responsabilité de mener de l'avant des démarches, des choix, tout en demeurant pleinement flexibles à l'idée que la vie puisse les mener ailleurs : « C'est certain que je vais me forcer pour que ça marche, mais si ça ne marche pas ou s'il arrive quoi que ce soit en cours de chemin, alors je ne peux rien faire contre ça. » (Cassandra). Les transportés manifestent une certaine confiance en leurs moyens, leurs actions, leurs plans, tout en reconnaissant que des forces extérieures vont formellement valider ou invalider cela : « C'est sûr que je me fais confiance, mais je pense que le destin a peut-être quelque chose à voir là-dedans aussi. » (Cassandra).

À l'instar de certains autres profils, les transportés n'aiment pas « se confier », pas même à leurs proches : « Je ne demande rien à personne, ni à mes parents ni à ma conseillère. Je n'en parle pas vraiment. Même avec mes amis, c'est rare qu'on parle de ça. Je ne parle pas beaucoup aux gens. » (Félix). Ils jugent qu'une décision de carrière doit être avant tout leur décision, car c'est leur vie : « C'est moi qui prends mes décisions. Donc, je n'ai pas vraiment besoin de l'opinion des autres et ça ne me dérange pas. Ce n'est pas ça qui va m'influencer. » (Jérémy). Ils préfèrent procéder par eux-mêmes plutôt que de consulter parents, amis ou ressources professionnelles : « Je ne vais pas aller voir mes amis ou encore demander à ma mère ce qu'il faudrait que je fasse dans la vie. Je vais plutôt me fier à ce que j'aimerais faire, à ce qui va me rendre heureuse et me rapporter de l'argent.» (Marie-Pier). Il y a lieu de penser que les transportés ne veulent pas être influencés dans l'immédiat, ni par des démarches trop hâtives, ni par d'autres personnes, car ils préfèrent donner leur confiance au destin, aux hasards de la vie. Sur cette décision, repose leur bonheur, leur autonomie, leur vie! «Je me connais mieux que n'importe qui d'autre et c'est mon bonheur qui est en jeu. Donc, je ne pose pas vraiment de questions aux autres.» (Véronique).

Les transportés réalisent, volontairement, des recherches ni étendues ni approfondies, mais rapides et ciblées: «Je ne veux pas devenir un expert en la matière. Je ne vais pas faire des recherches pendant des heures et des heures. Je vais en faire durant quelques minutes, je vais trouver la réponse à ma question, puis je vais laisser ça de côté.» (Alex). Ils ne font pas de démarches non plus pour apprendre quoi et comment rechercher des informations, ce qui les maintient en latence. Frédéric mentionne à ce propos: «Elle (la conseillère d'orientation) nous a donné des sites, mais je ne les ai pas encore consultés parce que je n'ai pas vraiment le gout de le faire maintenant. (...) Je ne sais pas du tout comment aller voir sur ces sites ou comment m'inscrire. Je n'ai vraiment aucune idée de ce que je peux faire, à part aller voir la conseillère.» (Frédéric).

Les transportés ont parfois certaines résistances à trop s'investir, trop vite, trop en profondeur: «Il ne faut pas aller trop en profondeur, mais il ne faut pas non plus y aller trop simplement. Il faut aller entre les deux.» (Raphael). Ils ont des choses plus intéressantes à faire... «Je regarde un peu les métiers sur Internet, mais pas souvent parce que je n'ai pas rien que ça à faire.» (Sandrine).

Les transportés sont centrés sur leur destinée. Leur action est individuelle et exclut toute intervention de conseil, de soutien, d'information, de présence et d'écoute, ou autre, de qui que ce soit au sein de leurs relations sociales. Cela rejoint plusieurs autres profils. Toutefois, les transportés se distinguent par une ouverture importante, voire totale, à voir des forces extérieures telles que la chance ou le destin (des rencontres, des évènements, des changements sociaux, etc.) venir complètement modifier leur trajectoire de vie scolaire et professionnelle. À l'opposé des spontanés, il est difficile de percevoir une quelconque urgence dans la démarche des transportés.

QUELS SONT LEURS BESOINS?

Peut-on aider un transporté à mener un processus de prise de décision de carrière? Sans doute, mais pas tant que ce dernier ne trouve pas une motivation et une conviction profonde à des actions décisionnelles orientées sur lui-même. Les transportés n'ont pas seulement confiance au destin et à la chance, mais également en eux. Pour ces mêmes raisons sans doute, ils sont également ouverts aux compromis. Cette confiance en soi se caractérise aussi par un besoin de contrôle et une appréhension d'être contrôlé, plus particulièrement par les proches. Ce contrôle des autres, qu'ils semblent appréhender, n'est pas celui de conditions et de contextes de vie, mais de parents et de proches qu'ils souhaitent garder à distance, par crainte de... on ne sait trop!

Comment les transportés peuvent-ils trouver de bon aloi que d'éventuelles rencontres puissent permettre à des personnes inconnues d'influencer leur trajectoire de vie, alors qu'en même temps, ils tiennent vertement à maintenir à distance celles qui leur sont les plus proches, les plus présentes et disponibles pour eux? Et s'il y avait une histoire personnelle et familiale derrière? Sinon, des expériences de vie pouvant expliquer, ne serait-ce qu'en partie, les raisons pouvant justifier ce besoin d'exclusion des proches?

Il y a aussi la question du sens à donner à leurs actions. Pourquoi s'engager dans des réflexions et des démarches alors que l'on est résistant à s'investir, à aller trop vite, en profondeur, sinon par crainte de manquer d'éventuelles opportunités, un peu plus loin sur le chemin, d'avoir fait cela pour rien? Les transportés ont besoin de maintenir une grande part d'ouverture, voire d'aventure, dans leur vie. Il ne serait sans doute pas opportun et bien reçu de leur part, de les «cadrer» (les restreindre, les étouffer) dans une démarche exhaustive et systématique de réflexions et d'actions visant à régler, une fois pour toutes, leur choix de carrière!

COMMENT LES AIDER?

En tant que parent...

ENTENDRE ET RESPECTER LES DIFFÉRENTES FAÇONS DE VIVRE SA VIE

Partez de l'idée que les transportés vont se fier au destin, aux évènements et au hasard. Ils sont peu enclins à partager leurs réflexions avec des proches. Donc, il vaut mieux ne pas trop focaliser sur le réalisme ou l'irréalisme des croyances ou des façons de voir du jeune, mais sur les intérêts, les valeurs ou les habiletés qui le mobilisent et les conditions de vie recherchées. Il vaut mieux chercher à dialoguer, largement, sur le type de vie qu'il aimerait vivre, l'amener à détailler davantage ce qu'il entend par le propos général: «Comment aimerais-tu vivre ta vie à ta manière? C'est-à-dire...?»

Le dialogue doit se faire à un moment «informel» de discussion, que ce soit lors du déjeuner, du diner ou du souper, là où le temps le permet, sinon à d'autres occasions. Il faut donc rester ouvert et à l'écoute de l'autre pour pouvoir être présent dans l'expression libre de ses aspirations. Lorsqu'un transporté vous parle de ce qu'il veut faire plus tard, possiblement, ne vous arrêtez pas aux projets (programmes d'études, professions) comme tels, mais aux éléments qui les composent et qui reviennent d'un projet à un autre.

Si vous voulez avoir un impact, communiquez ce que vous entendez des intérêts, des valeurs, des besoins et des autres caractéristiques personnelles qui semblent se dégager dans le discours de votre enfant, plutôt que de chercher à commenter et à apprécier ses choix. C'est difficile, mais partant du fait que les transportés se questionnent sur l'intérêt de faire les tâches habituelles d'une démarche de prise de décision de carrière, aussi bien faire en sorte qu'ils soient d'abord mobilisés à chercher une part d'eux-mêmes plutôt que la bonne profession.

S'ENGAGER PAR « PERSONA », PERSONNALITÉ

Cet exercice consiste à ce que la personne s'imagine vivre ou revivre la vie d'une personnalité, d'un personnage ou de toute autre personne qu'elle respecte ou qu'elle admire. Cela peut être n'importe qui, vivant ou non, actuel ou d'une autre époque, réel ou fictif, pourvu qu'elle trouve cette personne inspirante.

Voici les consignes à adresser au jeune transporté, accompagnées d'un exemple avec Gandhi, ce grand sage qui a conduit l'Inde à son indépendance grâce à la résistance passive et non violente :

1. Imagine que tu as la chance de vivre la vie d'une personne, d'une personnalité ou d'un personnage, peu importe l'époque à laquelle celui-ci ou celle-ci a vécu. De qui s'agirait-il ? Il peut donc s'agir d'une personne proche, d'une grande figure de l'humanité, d'une vedette de la télévision ou du cinéma, peu importe… tant que c'est une personne qui t'inspire grandement.
2. Inscris son nom en haut d'une feuille, que tu diviseras ensuite en trois colonnes.

Nom : Gandhi		
IDENTIFICATION	ÉVALUATION	ACTION

3. Identifie cinq traits de personnalité que tu admires grandement chez cette personne, puis inscris-les dans la colonne de gauche.

   Vous pourriez alors échanger avec votre enfant sur son interprétation de chacun de ces traits. Par exemple, s'il a choisi Gandhi, il pourrait avoir inscrit la sagesse, car cet homme avait une très forte capacité de voir au-delà des situations et des individus, d'agir en concordance avec ses idéaux. Il pourrait aussi avoir inscrit le contrôle des émotions, parce qu'il ne s'est pas laissé envahir par le doute et la peur. De plus, il a su rester empathique aux autres, même dans des situations d'intenses difficultés interpersonnelles.

Nom: Gandhi		
IDENTIFICATION	**ÉVALUATION**	**ACTION**
Sagesse		
Contrôle des émotions		

4. Évalue de 0 (pas du tout) à 10 (totalement), à quel point tu juges posséder en toi les traits de personnalité de cette personne. Inscris ce chiffre dans la colonne du centre.

Nom: Gandhi		
IDENTIFICATION	**ÉVALUATION**	**ACTION**
Sagesse	6	
Contrôle des émotions	5	

5. Quelle serait la plus petite action de ton idéal que tu pourrais engager **dès maintenant** en lien avec tes aspirations ? Qu'est-ce que tu pourrais faire ? La **plus petite** chose ! Inscris ce geste dans la colonne de droite.

Nom: Gandhi		
IDENTIFICATION	**ÉVALUATION**	**ACTION**
Sagesse	6	Reconnaitre mes pensées relatives aux peurs, aux doutes et aux craintes que je porte, puis les confronter de manière à être davantage moi-même.
Contrôle des émotions	5	Entrer en communication directe et en personne avec les individus avec lesquels j'ai des enjeux et des conflits à régler, de manière à dénouer les tensions.

En tant que parent, vous pouvez aussi faire l'exercice, idéalement en même temps, question de partager vos identifications respectives. L'important est surtout de ne pas juger le choix de votre enfant.

En tant que professionnel de l'orientation...

Prenez d'abord une posture de reconnaissance et de respect de la volonté de l'autre à se maintenir ouvert à l'imprévisible. Donc, partons de l'idée (pas si erronée d'ailleurs) que l'on ne peut pas prévoir la destination. Toutefois, il se peut que chacun ait des préférences quant au « sens » qu'il souhaite donner à ses actions.

QUESTIONNER L'INTÉRÊT (OU PAS) À DÉCIDER D'UNE CARRIÈRE

Pourquoi ne pas philosopher, avec le transporté, sur la notion de liberté de choix? Sur quoi avons-nous du pouvoir dans la vie? Quelle est notre responsabilité à l'égard de notre propre existence? Pourquoi décider dans la vie, en général, qu'est-ce que cela donne?

L'idée ici est d'engager un échange sur la pertinence ou pas de mener des actions visant à construire un projet professionnel, seulement la partie «voyage» ou encore la «destination», afin de faire parler la personne, de l'amener à exposer ses croyances, ses représentations, possiblement ses généralisations. De là, vous pourrez ouvrir la voie à de possibles confrontations. Celles-ci, rappelons-le, ne sont pas des affrontements; elles consistent tout simplement à soulever des ambigüités, des contradictions dans le discours de la personne. Il s'agit de confronter les croyances de l'autre, de manière respectueuse et empathique, dans l'objectif d'assoir des incontournables en ce qui a trait aux éléments qui doivent être apportés en voyage pour une carrière, à court ou à long terme. Bien sûr que nous pouvons changer, vous dira le transporté. Mais y a-t-il des choses qui n'ont pas changé depuis longtemps et qui pourraient ne pas le faire dans l'avenir?

CONSIDÉRER QUE LES DÉSINTÉRÊTS PARLENT DES INTÉRÊTS

Les transportés ne semblent pas vouloir s'investir dans les démarches. Cela peut constituer une perte de temps pour eux, alors que les aléas de la vie peuvent tout remettre en question. Toutefois, vous devez aller chercher le minimum de constance, de sens, de base de son identité, de ce qui va perdurer, nonobstant ces aléas.

Pour ce faire, vous pouvez aider le transporté à se reconnaitre un peu. Faute de démarches, il est souvent plus facile de reconnaitre ce que l'on n'aime pas plutôt que l'inverse. Les désintérêts sont plus faciles à nommer, car c'est moins engageant que de se positionner sur l'affirmation de ses intérêts. L'idée est donc de partir, tranquillement, subtilement, des désintérêts du transporté pour entrevoir quelques éléments d'identité suffisamment stables pour être pris en compte dans son processus, même si la vie devait l'amener ailleurs.

Voici un exemple:

1. Demandez-lui: «Dis-moi pourquoi tu n'aimes pas (...)?»
2. Entendez la réponse, puis reflétez ce qui en ressort pour valider votre compréhension et aller chercher l'accord de la personne.
3. Proposez une question ouverte d'inversion, comme: «Tu me dis que tu n'aimerais pas devenir infirmière, parce que tu trouves que c'est un métier stressant, avec des horaires de fous et que tu n'aimes pas être en contact avec des personnes malades. J'en comprends que c'est important pour toi – peu importe la carrière que tu choisiras – de faire quelque chose où tu peux te sentir calme, avoir des horaires structurés

et travailler auprès de personnes qui sont bien physiquement. C'est bien ça ? »

Il est possible de reprendre cet exercice avec une multitude de professions ou d'activités non aimées pour obtenir plus de matériel d'intervention. De là, il devient possible de reconstruire une future carrière.

CONSULTER LES AUTRES : ENTRE INDÉPENDANCE ET AUTONOMIE

Les transportés ne consultent pas ou peu les autres. Ils jugent non pertinentes les propositions directes ou les évaluations de possibilités professionnelles. Ils préfèrent rester indépendants.

Toutefois, dans un processus de prise de décision de carrière, il y a une différence importante entre être indépendant (1) et être autonome (2) :

1. La personne se retire, s'exclut volontairement des autres, pour s'appuyer uniquement sur elle-même, sur ses ressources personnelles, notamment pour prendre une décision de carrière ;
2. La personne reste maitre des processus conduisant à une prise de décision. Toutefois, elle considère les autres comme des ressources, et ce, au même titre que des données, des statistiques, ou toute autre forme de faits ou d'informations sur les carrières.

Alors, pourquoi se priver d'être autonome ? À cet égard, il vaut la peine d'amener le transporté méfiant ou désintéressé à discuter de son processus avec d'autres personnes et de le convaincre de la valeur ajoutée de l'autonomie. Comment ? En lui expliquant tout simplement la différence entre indépendance et autonomie, puis en faisant ressortir que dans les deux cas, la personne demeure libre de décider pleinement de qui l'influencera ou non. Une fois que la personne adhère à l'idée d'être autonome dans ses démarches et face à la consultation des autres, il devient alors possible de lui proposer d'aller chercher plus d'informations et de rétroactions sur elle-même et sur les options de carrière par le biais d'échanges avec les autres.

ÉVOQUER DES EXPÉRIENCES FAMILIALES

Si les transportés se fient autant aux hasards de la vie, il est possible que des évènements et des personnes inconnues influencent éventuellement et librement leur trajectoire. Pourquoi craignent-ils alors ce que pourraient leur dire, leur donner comme avis ou information, leurs parents et leurs proches ? Pourquoi les personnes de contextes XYZ sont-elles moins à craindre ? Pourquoi les parents et les proches sont-ils de si importantes menaces pour des personnes qui se jugent suffisamment fortes pour laisser la vie les guider librement vers le bonheur ? Qu'est-ce qu'elles ont à craindre ?

S'inspirant des travaux d'Alfred Adler, des stratégies d'intervention orientantes[115] portant sur l'évocation des souvenirs d'enfance peuvent être mises

115. Cournoyer (2017b).

de l'avant. L'objectif est d'identifier et de mettre en commun des moments critiques d'enfance au sein de la famille afin de mieux comprendre les notions erronées apprises, les attitudes adoptées, la manière dont les intérêts se sont développés. À cet égard, votre travail consiste tout d'abord à établir et à maintenir une relation de coopération, puis à évaluer les problématiques du transporté. Recueillez et analysez l'information provenant de ses souvenirs d'enfance, de sa constellation familiale : Qui a fait ou fait partie de sa vie ? Quelles relations sont maintenues, encore aujourd'hui ? Dans quels buts, avec quels effets ?

Tout au long de l'intervention, aidez le transporté à mieux se comprendre et à interpréter son fonctionnement personnel et interpersonnel, ses motivations à agir d'une manière ou d'une autre selon le contexte (style de vie, complexes, intérêts sociaux, constellation familiale). Une prise en compte éclairée de ses croyances et de ses interprétations sur soi et en regard des autres peut ainsi lui permettre de revoir sa façon de considérer ses rapports interpersonnels, notamment en ce qui concerne une prise de décision de carrière.

CHAPITRE 8

LES OPPORTUNS

Les opportuns sont représentés par une horloge à un moment de changement d'heure ou de minute, c'est-à-dire lorsque les aiguilles se mettent soudainement en mouvement. À cet égard, les opportuns attendent le bon moment, celui où ils pourront juger pertinent, intéressant et suffisamment motivant d'aller de l'avant.

QU'EST-CE QUI LES CARACTÉRISE ?

Les opportuns se distinguent des autres profils sur 4 des 12 dimensions.

	CUEILLETTE D'INFORMATION	
Minimale	À quel point la personne cherche et organise des informations de façon méticuleuse.	Compréhensible
	TRAITEMENT D'INFORMATION	
Holistique	À quel point la personne analyse et traite l'information en fonction de ses caractéristiques.	Analytique
	EFFORTS INVESTIS DANS LE PROCESSUS	
Peu	Le niveau de temps et d'effort mental investis par la personne dans le processus de prise de décision.	Beaucoup
	PROCRASTINATION	
Élevée	À quel point la personne fuit ou retarde le début ou l'avancement de son processus de prise de décision.	Faible

▸▸ COMMENT FONCTIONNENT-ILS ?

Les **opportuns** tendent à évaluer les pour et les contre, les gains et les couts : « Pour un choix de carrière, c'est important de voir si le programme va t'amener quelque chose. Est-ce que le fait d'obtenir ceci va t'amener à sacrifier cela ? Il faut vraiment être conscient de ces choses. » (Charles). Ils peuvent le faire en se projetant dans l'exercice d'un métier, puis d'un autre, à répétition : « Je me projette dans tel ou tel métier pour plus tard, en essayant de voir comment je me sentirais là-dedans. » (Claudia). Tout cela se fait davantage en survolant plutôt qu'en approfondissant, en s'arrêtant. « Je n'approfondis pas mes recherches tant que ça, mais je compare quand même des programmes. Je vérifie ce qui est le mieux pour moi. » (Étienne). Les opportuns ne veulent pas trop se stresser avec la prise de décision de carrière. Ils repoussent, ils disent relaxer : « Je prends ça assez relax. Je ne me mets pas de pression là-dessus. Je me dis que de changer de programme, ce n'est pas la fin du monde non plus. » (Étienne). Ils n'ont pas envie de prendre le temps, par manque d'intérêt et par désir de faire autre chose à la place : « En ce moment, je ne fais quasiment rien. Je ne m'informe pas. Je regarde un peu les cégeps, les perspectives. Autrement, je n'ai pas le temps ni l'envie. » (Benjamin).

Ils sont plus que disposés à reconnaitre l'importance de mener des actions, mais pas au point de passer à l'action par des démarches concrètes : « Je prends à cœur les recherches pour un métier, mais je ne vais pas chercher toute ma vie. J'ai autre chose à faire. » (Sébastien).

Dans un premier temps, ils tendent à remettre et à repousser leur décision. Ils sont évasifs quant à leurs motivations à l'égard d'une prise de décision de carrière : « Je repousse toujours le moment d'aller voir la conseillère. Je ne veux pas vraiment prendre une décision fixe, me dire que c'est ça, donc je repousse tout le temps jusqu'au dernier moment. » (Benjamin). Ils ne se disent pas pressés, voire même pas obligés de prendre – tout de suite – une décision : « Je vais choisir à la dernière minute. Je vais regarder les programmes bien vite. Dans le fond, je ne suis pas pressé, les inscriptions sont le 1er mars. Je vais prendre ma décision un mois avant, ça ne me stresse pas. Je remets ça à plus tard. » (Étienne). Ils peuvent s'attribuer des caractéristiques personnelles négatives pour défendre leur procrastination : paresseux, peureux, incertains : « Je ne suis pas vite. Je suis peureuse, alors j'ai peur de faire le mauvais choix. Plus ça prend du temps, plus je reporte à demain, au mois prochain. (...) Dans la vie en général, je suis vraiment une adolescente qui remet tout à plus tard, le ménage de ma chambre et tout. » (Florence).

Les personnes pouvant les aider doivent les connaitre. C'est pourquoi le professionnel de l'orientation peut être mis de côté au profit des parents. D'ailleurs, dans certains cas, les élèves vont juger que leurs parents, plus qu'eux-mêmes, sont en mesure de bien les connaitre. « Avant, je ne savais pas trop quoi faire. Ça aurait été facile si quelqu'un avait choisi à ma place, quelqu'un qui sait vraiment qui je suis. (...) Peut-être pas la conseillère d'orientation parce que ça ne fait pas si longtemps qu'elle me connait, donc elle ne peut pas choisir un métier de même, mais peut-être plus ma mère ou mon père. » (Christopher).

De leurs parents, les opportuns vont principalement chercher conseil, avis et rétroaction, que ce soit pour savoir ce qu'ils pensent ou ce qui devrait être fait comme démarches et réflexions: « Je me fie beaucoup à mes parents. Je leur demande des conseils, comment faire les démarches et surtout dans quoi ils me verraient parce qu'ils me connaissent bien. » (Julien). C'est clairement un besoin d'être guidés dans la bonne direction. Ils se jugent peu aptes à opérer seuls, par eux-mêmes, cette décision, sans en partager la responsabilité avec leurs parents.

Enfin, les opportuns ne considèrent pas le travail comme un moyen permettant de combler tous leurs critères, leurs intérêts et leurs besoins: « Je pense que c'est pas mal impossible de tout aimer dans un job. C'est difficile de tout, tout, tout aimer, que ça te rejoigne sur tous les points. » (Florence). Pour un opportun, ce n'est pas qu'un emploi qui peut combler tous leurs besoins. Il y a une vie en dehors, un désir d'avoir du temps pour soi, autrement: « Je ne suis pas difficile, alors je pense que je peux trouver un travail qui puisse me rendre heureux, tout en ayant, en dehors de l'emploi, d'autres choses qui me rendent heureux et avoir une belle vie quand même. » (Christopher). Ils jugent que les études et l'expérience en emploi apporteront sans doute son lot de plaisirs, mais aussi d'éventuelles contraintes: « C'est sûr que dans mon emploi, à un moment donné, je vais me dire: ça, ça me gosse. » (Geneviève).

QUELS SONT LEURS BESOINS ?

Il ne faut pas confondre « opportuns » et « opportunistes ». Nous ne sommes pas ici en présence de jeunes qui emploient des comportements stratégiques et des tactiques pour tirer profit des situations et des circonstances. Nous sommes plutôt en présence d'un profil de jeunes qui retarde d'éventuelles réflexions et actions au moment où ce sera pour eux... opportun. Les attitudes et les comportements des opportuns à l'endroit d'un processus de prise de décision de carrière semblent empreints de résistance, voire d'évitement. Ils survolent plus qu'ils approfondissent les informations sur les études et les carrières. Ils repoussent l'action plus qu'ils ne la pressent. Ils reconnaissent l'importance de décider plus qu'ils n'agissent en ce sens.

Les opportuns affichent une motivation passablement évasive. Pour eux, le travail ne semble être ni une fin ni un moyen, mais plutôt une obligation de l'âge adulte. L'expression de soi et le plaisir de vie semblent résider ailleurs que dans les études et le travail, c'est-à-dire dans d'autres sphères de l'existence. Ils manifestent, parce que c'est vrai ou parce que cela les arrange, une faible estime et confiance en leurs capacités décisionnelles. Ils jugent qu'il serait plus efficace d'être orientés par d'autres personnes, généralement leurs parents, vers le «bon» programme d'études ou la bonne profession pour eux que d'avoir à le faire par eux-mêmes. À leurs yeux, les professionnels de l'orientation ou quiconque d'autre que leurs parents ne peuvent pas bien les guider, car personne, même pas eux-mêmes, ne peut mieux les connaitre.

Leurs besoins sont nombreux. D'abord, il importe de favoriser une plus grande ouverture sur eux, sur leur potentiel et leurs intérêts, ainsi que leurs aptitudes décisionnelles, afin de mieux contrer les fortes résistances et stratégies d'évitement qu'ils emploient pour se maintenir dans une faible estime et confiance en soi. Ensuite, pour les engager vers plus d'ouverture, il faut les aider à trouver une motivation qui en vaut la peine. Qu'est-ce qui, à ce jour, a su motiver suffisamment ces jeunes, à l'école et dans d'autres sphères de vie, pour que cela puisse servir d'élément important à prendre en compte dans une éventuelle prise de décision de carrière? Enfin, il faut respecter leur besoin de s'appuyer sur l'avis des proches qu'ils estiment le plus sur le plan de l'aide à la prise de décision, soit leurs parents. Ces derniers doivent être partie prenante de leur processus.

COMMENT LES AIDER?

En tant que parent...

CULTIVER L'ESTIME DE SOI TRANSFÉRABLE

Les parents des opportuns ont la chance, contrairement à plusieurs autres profils, d'être valorisés en tant que source de référence et de conseil pour le processus de prise de décision de carrière de leur enfant. Même si cela ne repose pas tellement sur une demande formelle de leur part, l'analyse des propos des opportuns a permis de constater qu'ils accordent parfois plus d'importance à l'opinion et aux avis de leurs parents à leur endroit qu'ils ne s'en accordent à eux-mêmes.

Cultiver l'estime de soi d'un adolescent n'est pas sans lien avec ce qu'il en est pour un enfant. Les règles de soutien sur le plan de l'attachement ou de l'autonomie demeurent passablement les mêmes, sinon que les situations se sont complexifiées. Voici donc un bref rappel d'attitudes et de comportements pertinents à adopter pour soutenir l'estime de soi de votre enfant, mais aussi son transfert vers le monde professionnel.

Intéressez-vous à lui

Montrez que vous l'aimez et que ce qu'il vit – devoir éventuellement prendre une décision de carrière – compte pour vous. Proposez-lui de regarder ensemble certains programmes d'études ou professions selon différentes ressources à votre portée (voir au besoin celles proposées à la fin de ce livre).

Ne pressez pas la décision

Le moment n'est peut-être pas encore le bon. En revanche, alimentez de possibles réflexions partagées. Faites bien sûr attention de ne pas décider pour votre enfant, même si votre connaissance de lui, de son fonctionnement personnel et interpersonnel, pourrait vous amener à vous juger apte à le faire, surtout que c'est ce que les opportuns souhaitent. Tentez simplement de construire un début de réflexion. De là, vous amènerez tranquillement de « l'information » externe (que vous pouvez trouver entretemps par vous-même) dans vos échanges.

Montrez l'exemple

Prenez conscience de vos propres jugements et commentaires à l'endroit de certains programmes d'études, certaines professions ou certains établissements de formation.

Faites également attention à la manière dont vous parlez de votre propre emploi, de votre carrière et de votre vie au travail. Parlez de ce qui vous motive. Faites attention, malgré vous, aux jugements comparatifs, ceux qui pourraient laisser croire ou sous-entendre que certains types d'études « valent » mieux que d'autres. Si vous voulez faire des comparaisons, tenez-vous-en aux faits, et non à des jugements.

Enfin, montrez l'exemple dans la manière dont vous prenez des décisions, en général. Montrez comment vous procédez, comment ce n'est pas toujours facile de prendre une décision, mais aussi comment c'est gratifiant une fois que tout devient plus clair.

Présentez les choses sous une autre perspective

Transformez le négatif en constructif, la perception d'échec en apprentissage, la fatalité en occasion de s'améliorer. Chaque fois que votre enfant porte un jugement négatif à son endroit, que ce soit en regard de caractéristiques personnelles ou de difficultés rencontrées, ne laissez pas le discours s'enliser dans le négatif. Il ne s'agit pas de faire semblant que les choses sont belles et que tout va bien, au contraire :

1. Reconnaissez, reflétez et nommez ce qui semble avoir été ou être une difficulté (la situation et ses effets négatifs). Ex. : « Je comprends que tu as travaillé très fort pour réussir ton examen de mathématiques, que tu as cru que, cette fois, ce serait suffisant pour avoir une bonne note. Comme ça n'a pas marché, tu te dis que tu n'es pas capable. »
2. Montrez ce qu'il est possible de retirer de cette expérience, comme apprentissage, comme connaissances, comme compétences, qui pourront être mis à profit dans l'avenir afin de ne plus revivre cette difficulté. Poursuivons le même exemple : « Moi, je vois aussi quelqu'un qui, lorsqu'il décide qu'il va réussir quelque chose, a un objectif et se donne les moyens d'y arriver. Les choses vont tout de même aller mieux que si tu ne faisais rien. Maintenant, ce n'est pas toujours aussi

beau, aussi bon, qu'on l'espérait. Plutôt que de renoncer à cette belle motivation qui t'a servi tout de même un peu, qu'est-ce que tu dirais si l'on regardait plutôt les moyens que tu as pris, afin de voir comment ça pourrait être encore plus efficace la prochaine fois ? »

Partagez vos propres expériences

En lien avec ce qui précède, comment vous-même avez pu, dans votre vie, vivre des expériences difficiles ? Vous est-il arrivé, comme votre enfant, d'avoir cru en quelque chose qui finalement n'a pas donné le résultat espéré, mais dont vous vous êtes relevé, par la manière dont vous avez pensé ou agi sur la situation ? Montrez quels intérêts ou capacités nouvelles cette expérience a permis de mettre en lumière, puis, comment cela vous a permis de prendre de meilleures décisions par la suite.

Soyez curieux et ouverts à ses activités

Intéressez-vous à ce que votre enfant fait, à la manière dont il entretient des relations, qu'il fait différentes choses, même les plus banales. Essayez de voir quelles compétences – manuelles, intellectuelles, créatives, sociales, entreprenantes ou cléricales – il manifeste dans ces actions, puis reflétez-lui vos réflexions. Même si ça ne parait pas, ça pourrait entrer dans sa tête et se transformer en action immédiate, s'installer, pour l'instant, quelque part...

Ouvrez-vous

Témoignez de ce que vous appréciez et retirez d'aider votre enfant, de vous intéresser à lui ! Communiquez simplement, clairement, honnêtement votre motivation à l'endroit de votre enfant. Faites en sorte que ce dernier ait l'impression que vous êtes prêt à le suivre dans sa démarche, plutôt que de chercher subtilement à guider celle-ci par vos attentes.

Il existe beaucoup d'autres conseils pour cultiver l'estime de votre adolescent. L'important ici est plutôt de vous rappeler de quelques-uns de manière à encourager une meilleure estime de lui-même en général, et en regard d'une décision de carrière. De plus, vous créez des conditions favorables à un dialogue constructif sur ses intérêts, ses valeurs, ses capacités, etc. en vue d'un choix professionnel.

FAVORISER UN TRANSFERT D'ESTIME

Si vous avez la chance (« la chance rarissime » diront sarcastiquement certains d'entre vous) de vous assoir avec votre enfant afin de discuter et de réfléchir ensemble sur son avenir, alors voici un exercice qui peut être motivant et éclairant.

1. Reproduisez le tableau 9 sur une feuille.

TABLEAU 9. Le transfert d'estime

MOMENTS DE BIENÊTRE ET DE CONFIANCE	INTÉRÊTS ET MOTIVATIONS D'AGIR	CAPACITÉS EXPRIMÉES OU DÉVELOPPÉES

2. Demandez à votre enfant d'énumérer des moments où il a pu se sentir particulièrement bien et en confiance de faire quelque chose, puis de les inscrire dans la première colonne. Au besoin, faites-lui des suggestions basées sur votre expérience de vie commune (études, travail, famille, loisirs, etc.). Prenez votre temps. Essayez d'en relever au moins cinq, mais pas plus de sept.
3. Pour chacun des moments de bienêtre et de confiance, demandez à votre enfant ce qui l'intéressait et le motivait à faire cela. Demandez-lui : « Qu'est-ce qui t'intéressait à faire cela ? Qu'est-ce qui te motivait ? Pourquoi était-ce important pour toi ? Pourquoi cela plutôt qu'autre chose ? » Il doit inscrire les réponses dans la deuxième colonne. L'idée est de faire ressortir au moins un intérêt ou une motivation, mais idéalement deux ou trois. Cela permet de découvrir ce qui peut intéresser et motiver votre enfant à agir selon certaines situations jugées porteuses de bienêtre et de confiance.
4. Demandez à votre enfant ce qu'il a exprimé ou développé comme capacités lors d'une telle situation intéressante et motivante. Autrement dit : « Qu'est-ce que cela te démontre que tu es capable de faire, peu importe que ce soit quelque chose d'important ou de compliqué ? » Il doit inscrire ses réponses dans la troisième colonne.

L'idée ici est d'aider votre enfant à reconnaitre qu'il a des capacités. Cela permet aussi de voir que l'expression ou le développement de nos capacités, qu'elles soient jugées importantes ou banales, dépend généralement d'intérêts et de motivations particulières, propres à soi. Ainsi, dans des situations qui n'ont pas nécessairement de lien avec les études ou une éventuelle carrière, il est possible de reconnaitre des intérêts et des motivations qui nous font agir. De là, on repère des capacités que l'on pourrait peut-être, en prenant le temps de bien les analyser, transformer en critères pour le choix d'un programme d'études ou d'une profession.

Au besoin, cela peut aussi être une occasion d'amorcer une première étape de processus de prise de décision de carrière à partir d'un travail écrit, mais aussi construit avec une personne dont l'avis est important[116], qu'il pourrait amener avec lui lors de sa rencontre avec un professionnel de l'orientation.

AMORCER ENSEMBLE UN PROCESSUS DE PRISE DE DÉCISION DE CARRIÈRE AVEC UN PROFESSIONNEL DE L'ORIENTATION

Les professionnels de l'orientation ne sont pas toujours favorables à l'idée de voir « débarquer » un parent avec son enfant dans le cadre d'un processus d'accompagnement en orientation. Ils craignent souvent de ne pas pouvoir entendre de manière authentique leur client, le jeune, en regard de ses besoins et de ses préoccupations véritables. Il y a un risque que le parent prenne trop de place, parle à la place de l'enfant, impose ses points de vue et, à certains égards, donne une direction à un processus qui n'est pas le sien.

En contrepartie, pour les opportuns, les avis et les conseils des parents sont jugés plus pertinents, de prime abord, que ceux des professionnels de l'orientation. À cet égard, il y a lieu de penser qu'il pourrait être profitable pour l'enfant que vous l'accompagniez initialement dans son processus de prise de décision de carrière avec le professionnel de l'orientation, mais dans la perspective de poursuivre seul avec lui par la suite. Dans ce cas, il est essentiel, primordial, fondamental que la demande que vous participiez au processus soit formulée clairement par l'enfant auprès du professionnel de l'orientation, sans que vous soyez présent.

Il faut alors que l'enfant puisse expliquer pourquoi il juge que cette participation serait aidante pour lui, que ce soit d'abord pour se sentir plus à l'aise ou pour pouvoir partager au professionnel l'état de la réflexion déjà engagée. Rappelons à nouveau que le seul client du professionnel de l'orientation, et ce même lorsque c'est le parent qui paie pour le service, c'est le jeune. Rien de ce qui sera dit entre le professionnel de l'orientation et son client ne sera rapporté au parent ou à quiconque, sans autorisation préalable. Toutefois, inclure une personne au sein du processus n'implique pas pour autant qu'elle soit là tout le long de celui-ci. Dans une perspective de développement de l'autonomie socioprofessionnelle de votre enfant, il faut en venir à le laisser aller seul dans ses démarches. Vous ne participez que : 1) s'il le demande ; et 2) pour contribuer au processus et encourager sa participation.

En tant que professionnel de l'orientation...

REJOINDRE L'IMPASSE DÉCISIONNELLE, TÉMOIGNER DE VOTRE COMPÉTENCE DISTINCTIVE

Les opportuns répondent rarement facilement à un processus d'orientation progressif et linéaire. Au départ, ils jugent même que d'autres personnes

116. Rappel : les opportuns attribuent souvent plus d'importance au jugement des parents qu'au leur.

pourraient être plus qualifiées qu'eux pour prendre la décision à leur place... Il faut donc les inviter à entrer, à prendre place, dans un processus de prise de décision de carrière accompagnés d'un professionnel de l'orientation.

Il s'agit au départ de bien recevoir le besoin du client à travers un discours empreint de croyances et de résistances au changement. L'opportun doit se sentir entendu et encouragé à communiquer sa philosophie de l'orientation et de l'importance qu'il accorde à une prise de décision de carrière à ce moment-ci de sa vie. Il est donc important de ne pas commenter ou juger ses propos, même s'ils peuvent vous apparaitre erronés. Vous devez simplement les refléter ou encore les questionner de manière empathique et sans jugement, aux fins de clarification. L'opportun doit percevoir que sa façon de penser son orientation a sa place au sein de votre relation d'aide appliquée à la carrière.

À travers l'évaluation en continu du fonctionnement psychologique de l'opportun, il est possible d'apprendre à mieux le connaitre et surtout le comprendre : Qu'est-ce qui le motive ? Quelles croyances l'influencent dans ses pensées et ses comportements ? Comment évalue-t-il et se représente-t-il son pouvoir d'agir sur sa vie ? La compréhension du fonctionnement psychologique du client émerge généralement lorsque ce dernier rencontre une impasse dans sa manière de mener un processus décisionnel. Autrement dit, il se retrouve alors indécis, incertain, perdu, se demande s'il doit continuer à chercher, ou plutôt renoncer à certaines démarches, aspirations de carrière ou façons de se concevoir.

Dans le cas de l'opportun, il est possible d'envisager des représentations de soi plus fragiles, hésitantes et incertaines, sur le plan de l'estime et de la confiance en soi. Voici un exercice d'accompagnement pour adresser ces difficultés avec l'opportun. L'objectif est de l'amener à juger, par lui-même, qu'il possède de la valeur et des capacités en regard de certaines habiletés, aptitudes et compétences pouvant être mises à profit dans un processus de prise de décision de carrière plus assumé.

Préparation

1. Faites une liste d'au moins 50 habiletés, aptitudes ou compétences, génériques et techniques. Vous pouvez vous inspirer d'un moteur de recherche en ligne. Écrivez chacune sur un petit carton.
2. Reproduisez le tableau 10 sur un grand carton. Vous pouvez choisir d'autres termes pour répartir le tout en 6 ou 8 niveaux, mais le nombre de colonnes doit obligatoirement être pair.

TABLEAU 10. Répartition de compétences génériques et techniques

TRÈS FAIBLEMENT	FAIBLEMENT	FORTEMENT	TRÈS FORTEMENT

Intervention

1. **Positionnement.** Demandez à la personne si elle se reconnait très faiblement, faiblement, fortement ou très fortement par rapport aux habiletés, aptitudes ou compétences inscrites sur chaque carton. Elle doit déposer chacun à l'endroit approprié.
2. **Hiérarchisation.** Une fois qu'elle a terminé, demandez à la personne de classer chacun des cartons par ordre d'importance, selon le niveau d'évaluation de chaque colonne. Par exemple, dans la troisième colonne, les cartons doivent être classés de celui qui est le plus « fortement » à celui qui est le moins « fortement ».
3. **Validation**[117]. Demandez à la personne, à partir de l'item le plus « très faiblement » de la colonne 1 jusqu'au plus « très fortement » de la colonne 4 : 1) d'expliquer pourquoi elle s'évalue ainsi ; 2) de valider cette évaluation portée sur elle-même avec une ou deux expériences de vie (fournir une « preuve »). Votre rôle, à travers des reflets empathiques, des questions exploratoires et des résumés, est d'amener la personne à mieux s'entendre et se reconnaitre. Au besoin, vous pouvez aborder certains manques ou faiblesses dans les propos de la personne concernant son autoévaluation d'une habileté, aptitude ou compétence, de manière à amener la personne à se repositionner à la hausse ou à la baisse. À travers cette narration, par le récit de preuves d'expérience, l'opportun a l'occasion non seulement de se positionner, mais également de prendre conscience de sa valeur (estime) et de ses capacités (confiance) en regard de certaines activités.
4. **Application.** Une fois que la personne a pris le temps de bien se positionner, de hiérarchiser et de se valider par rapport à l'ensemble des habiletés, aptitudes et compétences, vous pouvez la questionner sur ce qu'elle se reconnait comme capacités en vue d'une éventuelle décision de carrière. Autrement dit, quelles sont les habiletés, les aptitudes et les compétences que l'opportun est maintenant en mesure de se reconnaitre personnellement (estime, confiance) et quelles sont

117. Cette phase est centrale à l'exercice ; prenez le temps nécessaire pour vous assurer de bien vivre l'expérience d'autoévaluation, mais aussi pour susciter un maximum d'effet quant au jugement porté sur l'estime et la confiance en soi. Toutefois, si en raison de contraintes diverses il vous est impossible de réaliser l'exercice de façon exhaustive, vous pouvez décider avec le jeune des compétences jugées plus significatives, tant positives que négatives.

celles qu'il aimerait amener avec lui comme ressources personnelles en vue de l'exploration d'options de carrière ?

Cet exercice aborde donc la question d'estime et de confiance en soi des opportuns au moment où une impasse se pose dans leur processus d'orientation. Il leur propose de prendre contact avec les habiletés, les aptitudes et les compétences qu'ils se reconnaissent dans le but premier de les aider à mieux prendre conscience de leur valeur et de leurs capacités, pour ainsi mieux se reconnaitre aptes à mener un processus de prise de décision de carrière autonome et assumé.

CONFRONTER SES LOGIQUES ET SES PARADOXES

Nous vous suggérons d'engager une discussion élargie avec l'opportun, une discussion qui ne touche pas uniquement la prise d'une décision de carrière, mais davantage la réflexion sur l'existence que la personne aimerait vivre, par les études, le travail, les relations, etc.

- Amenez la personne à vous dire tranquillement pourquoi elle hésite, craint, n'ose pas s'engager ou mener à fond des démarches. Bref : de quoi a-t-elle peur ?
- Explorez ses appréhensions, ce qui pourrait arriver de dangereux, de risqué, de néfaste, si elle faisait ceci ou cela, puis qu'il arrivait ceci ou cela. Amenez cette personne à vous expliquer sa logique d'impasse, ce qui justifie pour elle l'inaction. Autrement dit : qu'est-ce qu'il pourrait en couter pour sa vie de risquer d'investir des efforts, de prendre un peu plus de risques ?

Ensuite, amenez la personne à examiner l'inverse :

- Qu'est-ce qu'il pourrait t'en couter personnellement, professionnellement, à court et à plus long terme, de ne rien faire, de ne pas oser ?
- Qu'est-ce qui va arriver si, dans six mois, un an, deux ans, tu ne poses toujours pas d'action, tu ne prends toujours pas de décision ?

C'est une chose d'examiner ce qui pourrait arriver, mais il est tout aussi intéressant, voire confrontant et mobilisant, de s'arrêter pour prendre conscience de ce qui va arriver si l'on se maintient dans la procrastination, la crainte et le doute... Dans ce genre de situations, la personne va souvent réaliser qu'il est (encore) temps de faire quelque chose (avant qu'il ne soit trop tard). Ainsi, à partir de l'écoute et de l'exploration des logiques guidant la personne dans ses impasses, vous l'amenez à regarder les conséquences (paradoxales) de rester dans cette situation, afin de mieux la mobiliser.

Vous pouvez également faire le même exercice, en invitant la personne à compléter le schéma suivant, reproduit sur une feuille.

Ce que cela m'apporte	*Ce que cela m'apporte*
ME MAINTENIR	**M'ENGAGER**
Ce qu'il m'en coute	*Ce qu'il m'en coute*

Prendre conscience de quelque chose n'assure pas l'engagement de la personne, mais cela en constitue généralement une puissante motivation! En examinant les gains et les couts sur soi, sur sa vie, actuelle et à venir, de se maintenir dans sa situation actuelle ou de s'engager dans le changement, vous pouvez amener la personne à prendre conscience du fonctionnement psychologique qui affecte sa démarche.

Pour mener à bien cette intervention, vous devez bien sûr faire preuve d'empathie et d'écoute, et respecter le droit de l'autre à avoir peur, à douter, à résister. Faites attention de ne pas amener la personne dans un strict sentiment de honte, relativement à son incapacité et sa fragilité, mais plutôt dans la compréhension de ce qui explique sa façon d'être et de faire (ou de ne pas être et de ne pas faire) en regard d'une prise de décision de carrière. Acceptez de travailler avec des attentes modérées et des possibilités de rechute dans ses modes de fonctionnement plus passifs, plus évitants. Peu importe le temps requis, cherchez à rejoindre la motivation intrinsèque de l'opportun (ce qu'il peut aimer être et faire, peu importe les autres ou les valeurs sociales). Provoquez chez lui une mobilisation plus éclairée (savoir ce qu'il veut et pourquoi, tout en reconnaissant ses peurs et ses doutes).

CHAPITRE 9

REPÉRER SON PROFIL DE PRISE DE DÉCISION

Comment un adolescent peut-il être associé au profil qui le décrit le mieux sur le plan de la prise de décision de carrière? Après avoir présenté chacun des sept profils, voici cinq questions pour repérer celui le plus représentatif d'un jeune. Chacune des questions est associée à un thème de repérage, tel que résumé dans le tableau 11.

TABLEAU 11. Thèmes et questions de repérage du profil de prise de décision de carrière

THÈMES	QUESTIONS
Autodétermination vs Extradétermination	1. La personne juge-t-elle qu'elle assume la pleine détermination de son avenir professionnel ou si, au contraire, des forces externes déterminent sa destinée?
Confiance vs Méfiance	2. La personne juge-t-elle que les autres sont des ressources ou des risques pour la réalisation d'un processus de prise de décision de carrière éclairé?
Activité vs Passivité	3. La personne est-elle plutôt active ou plutôt passive dans la réalisation de réflexions et de démarches de prise de décision de carrière?
Continuité vs Discontinuité	4. La personne pose-t-elle des actions continues ou discontinues de prise de décision de carrière?
Flexibilité vs Rigidité	5. La personne est-elle disposée ou fermée à l'idée d'ajuster ses actions en cours de processus décisionnel selon de nouvelles réalités et de nouveaux objectifs?

Ces questions de repérage sont basées sur des récurrences observées dans les propos des jeunes de certains profils en regard de représentations, d'attitudes et de comportements personnels et interpersonnels en contexte de prise de décision de carrière.

AUTODÉTERMINATION / EXTRADÉTERMINATION

Question 1

La personne juge-t-elle qu'elle assume la pleine détermination de son avenir professionnel ou si, au contraire, des forces externes déterminent sa destinée ?

Autodétermination	**Extradétermination**
Authentiques	Inspirés
Rationnels	Transportés
Spontanés	
Engagés	
Opportuns	

En contexte de processus de prise de décision de carrière, l'autodétermination renvoie à l'idée qu'une personne juge être la principale responsable et maitre d'œuvre de son avenir professionnel. En contrepartie, l'extradétermination renvoie à l'idée que des forces externes à elle agissent comme principal responsable et maitre d'œuvre de ce qu'elle advient. Les personnes se jugeant autodéterminées tendent, par conséquent, à adopter des attitudes et des comportements proactifs lorsqu'il est question de réaliser un processus de prise de décision de carrière, alors que celles extradéterminées s'investissent beaucoup moins, jugeant plus pertinent de laisser ce travail à la chance, au destin ou à d'autres forces externes.

L'autodétermination, en contexte de processus de prise de décision de carrière, peut se manifester par différents types d'attitudes et de comportements :

- Démontrer avec confiance, avec peu ou pas d'hésitations, la responsabilité de ses actions et de ses décisions ;
- Rechercher activement une cohérence entre ses intérêts et les capacités développées tout au long de son histoire de vie et les conditions de travail et les perspectives d'emploi, d'options de carrière disponibles et considérées ;
- S'assurer que le projet professionnel retenu s'intègre à ses aspirations de vie à plus long terme sur divers plans : personnel, relationnel, familial, parental, résidentiel, financier, etc. ;

- Accorder beaucoup d'importance à la démonstration de volonté et d'effort dans ses actions de prise de décision ;
- Associer constamment les informations recueillies sur les études et les professions avec ses principaux traits de personnalité (intérêts, valeurs, besoins, etc.) et aspirations professionnelles ;
- Chercher à valider les informations recueillies sur les études et les professions par des faits ;
- Reconnaitre que les projets et les parcours peuvent être influencés par les autres, le destin, le hasard et la chance, tout en maintenant que l'on peut déterminer notre avenir par la façon dont nous prenons nos décisions.

En contrepartie, l'extradétermination, en contexte de processus de prise de décision de carrière, peut se manifester par les différents types d'attitudes et les comportements suivants :

- Attendre un appel, un signe, un présage ou l'émergence soudaine d'une idée pouvant confirmer, à un moment précis et unique, la voie à suivre, la décision à prendre pour s'assurer d'une vie scolaire et professionnelle satisfaisante ;
- Éviter d'engager véritablement (ou de manière plus ou moins motivée) des actions (réflexions, démarches) centrées sur la résolution d'un processus de prise de décision de carrière ;
- Juger que le hasard, le destin et la chance liés à des évènements et des rencontres imprévues sont des forces nettement supérieures aux capacités humaines lorsqu'il s'agit d'avoir un certain contrôle sur sa vie ;
- Avoir une conception fataliste ou idéaliste voulant que tout ce qui advient dans nos vies ouvre la voie à de nouvelles opportunités que nous ne pouvons contrôler.

CONFIANCE / MÉFIANCE

Question 2

La personne juge-t-elle que les autres sont des ressources ou des risques pour la réalisation d'un processus de prise de décision de carrière éclairé ?

Confiance	**Méfiance**
Authentiques	Rationnels
Inspirés	Spontanés
Opportuns	Engagés
	Transportés

Ces « autres », qui sont rapportés dans le cadre des entretiens réalisés auprès des participants, sont principalement les parents, mais parfois aussi les amis, les professionnels de l'orientation et les autres membres du personnel scolaire. Ces personnes peuvent être considérées comme des pourvoyeurs de soutien et des ressources utiles et pertinentes. À l'inverse, certains jeunes se méfient, voire rejettent la participation de toute autre personne qu'eux-mêmes dans la réalisation de leur processus de décision de carrière, par crainte d'être influencés négativement et ainsi, perdre le contrôle de leur avenir.

La confiance à l'endroit des autres dans le contexte d'un processus de prise de décision de carrière peut se manifester par différents types d'attitudes et de comportements :

- Estimer que les opinions, les conseils, les informations ou les encouragements des autres constituent différentes sources de soutien pertinentes et utiles à la prise de décision de carrière ;
- Voir les échanges avec les autres comme des occasions d'intégrer de nouvelles perspectives sur soi et sur le monde de manière à bonifier la façon dont il est possible de se représenter dans une carrière ;
- Juger que les personnes proches de nous peuvent constituer des sources de soutien importantes (rétroactions, encouragements, courage) lorsqu'on traverse des moments plus difficiles de doute et d'incertitude ;
- Reconnaitre qu'il est possible de s'inspirer de personnes possédant l'expérience (l'avoir soi-même vécu), les connaissances (comprendre comment cela fonctionne) ou les compétences (savoir comment procéder) en regard des projets de carrière considérés ;
- Accorder pleinement sa confiance à l'autre (notamment chez les opportuns) en raison d'un manque de confiance en soi ou d'un renoncement à s'investir dans le processus de prise de décision de carrière.

En contrepartie, la méfiance à l'endroit des autres peut se manifester par des attitudes et des comportements tels que :

- Repousser formellement, sinon fermement, toute forme d'aide et de soutien (discussion, conseil, information, rétroaction) d'autrui (parents, amis) lorsqu'il s'agit de prendre une décision de carrière pour soi ;
- Juger que l'autre ne peut en aucun cas nous aider, car il n'est pas soi, il ne vit pas ce que l'on vit et, par conséquent, il ne peut savoir ce qui est bon pour soi ;
- Considérer que les personnes qui offrent leur avis et leurs conseils le font toujours à partir de leur propre représentation des choses, et non pas en fonction de celle des jeunes ;
- Voir dans l'acceptation de conseils et d'informations d'autrui une forme de risque, de menace à pouvoir prendre des décisions authentiques pour soi ;

- Ne pas aimer se confier et partager des aspects de sa vie intime, ses réflexions personnelles ou ses aspirations professionnelles;
- Faire preuve de réserve et de prudence (notamment chez les transportés) en prenant en compte les avis et les conseils des autres, afin de maintenir un sentiment de contrôle sur sa vie et son avenir.

ACTIVITÉ / PASSIVITÉ

Question 3

La personne est-elle plutôt active ou plutôt passive dans la réalisation de réflexions et de démarches de prise de décision de carrière?

Activité	**Passivité**
Authentiques Rationnels Engagés	Spontanés Inspirés Transportés Opportuns

La présence d'attitudes et de comportements actifs en regard de son processus de prise de décision de carrière implique notamment le recueil et le traitement d'informations, la planification et l'organisation de démarches, ainsi que le niveau d'effort engagé. En contrepartie, la passivité dans ce contexte s'associe à l'absence ou à la faible présence d'actions portées sur la réalisation de son processus de prise de décision de carrière. Dans la mesure où il peut exister plusieurs catégories d'actions de réflexion et de démarches possibles, à différents moments du processus de prise de décision de carrière, nous employons l'adverbe «plutôt» pour situer les profils sur le continuum activité-passivité.

Les jeunes plutôt actifs dans leurs actions de prise de décision manifestent des attitudes et des comportements tels que les suivants:

- Explorer de manière approfondie et sous différentes formes (documents imprimés ou électroniques, vidéos en ligne, rencontres d'experts, etc.) un ensemble d'informations à propos de programmes d'études et de professions;
- Appliquer une méthode plus ou moins rigoureuse et systématique d'analyse d'informations;
- Évaluer et réévaluer la pertinence des informations recueillies et les analyser ou les traiter en regard de ses préférences et de ses aspirations scolaires et professionnelles;

- Prendre le temps nécessaire pour explorer et analyser l'ensemble des options de carrières accessibles et pertinentes afin de porter un jugement plus éclairé.

À l'inverse, les jeunes plutôt passifs dans leurs actions de prise de décision manifestent d'autres types d'attitudes et de comportements :

- Réaliser des recherches peu approfondies en matière d'informations scolaires et professionnelles ;
- Consacrer peu de temps et d'effort à la recherche et l'organisation d'informations, sinon le faire en surface ou en se limitant à certains aspects ;
- Évaluer les informations scolaires et professionnelles en surface et sans chercher à traiter celles-ci en regard d'intérêts ou d'aspirations spécifiques ;
- Résister à trop s'investir, trop vite, trop en profondeur dans ses démarches.

CONTINUITÉ / DISCONTINUITÉ

Question 4

La personne pose-t-elle des actions continues ou discontinues de prise de décision de carrière ?

Continuité	Discontinuité
Authentiques	Spontanés
Rationnels	Inspirés
Engagés	Opportuns
Transportés	

À l'adolescence, le processus de prise de décision de carrière peut s'échelonner sur plusieurs mois, plusieurs années, ou à l'inverse, sur quelques semaines ou quelques jours. Dans une situation ou l'autre, certains jeunes vont maintenir des actions à un rythme passablement régulier tout au long de leur processus, alors que d'autres le feront de manière irrégulière, intense à certains moments, relâchée à d'autres.

Les personnes qui font des actions continues tendent à adopter les attitudes et les comportements suivants :

- Faire des démarches stratégiques, méticuleuses et organisées de manière progressive de recueil, de traitement et d'évaluation d'informations à propos d'elle, ainsi que des programmes d'études et des professions accessibles;

- Motiver ses actions par le souci constant de réduire l'écart entre un état d'inconnu, d'incertitude et d'indécision et un état de certitude quant à la décision satisfaisante à prendre;
- Maintenir des démarches régulières sur le plan du temps et des efforts investis;
- Reconnaitre l'importance de poursuivre des actions de prise de décision même si des forces de contexte (destin, hasard ou chance liés aux évènements de toutes sortes) peuvent, en tout temps, annuler ou invalider ces démarches.

Les personnes qui adoptent des attitudes et des comportements discontinus sur le plan de la prise de décision de carrière se caractérisent par les manifestations suivantes:

- Réaliser des actions de prise de décision de carrière de façon irrégulière, en retardant ou en précipitant les efforts investis;
- Se mobiliser lorsque le stress et l'anxiété de l'imminence d'une décision à prendre se font ressentir;
- Poser des actions impulsives et désorganisées, fondées sur des évaluations d'informations bâclées;
- Attendre et espérer l'émergence d'un déclic, d'une idée soudaine et fortuite (particulièrement chez les inspirés);
- Attendre d'être assuré que des actions soient nécessaires et utiles pour décider de se mobiliser (particulièrement chez les opportuns).

FLEXIBILITÉ / RIGIDITÉ

Question 5

La personne est-elle ouverte ou fermée à l'idée d'ajuster ses actions en cours de processus décisionnel selon de nouvelles réalités et objectifs?

Flexibilité	Rigidité
Authentiques Inspirés Transportés Opportuns	Rationnels Spontanés Engagés

Les personnes manifestant de la flexibilité à l'égard de changements de stratégies et d'objectifs en cours de processus de prise de décision sont celles qui jugent pertinent et utile d'afficher une certaine souplesse afin d'être plus efficaces. En contrepartie, les personnes manifestant plus de rigidité face aux changements ont souvent une préférence pour la recherche de stratégies permettant de maintenir l'objectif initialement déterminé plutôt que de considérer de nouvelles avenues.

La flexibilité s'exprime de diverses façons, par différents types d'attitudes et de comportements :

- Démontrer une ouverture au changement et à l'adoption de nouvelles stratégies dans l'éventualité où l'objectif initial ne peut être atteint et qu'il faille se raccrocher à un autre pour satisfaire ses aspirations professionnelles ;
- Afficher une attitude d'ouverture et de souplesse à l'endroit des changements (normaux et inattendus) de la vie ;
- Faire confiance à son instinct, ses impressions et ses sentiments afin de poser les actions qui en découlent de manière à arriver à ses fins ;
- Reconnaitre qu'une part de notre parcours de vie s'appuie sur des forces de contexte hors de notre contrôle ;
- Considérer le travail comme une source de motivation et de satisfaction de vie parmi d'autres.

En contrepartie, la rigidité s'appuie sur d'autres attitudes et comportements :

- Maximiser la quantité de stratégies rigoureuses et systématiques, de même que les efforts continus, afin de maintenir le cap vers ses objectifs initiaux, plutôt qu'entrevoir des moyens et des voies alternatives ;
- Rechercher l'idéal à l'égard d'un programme d'études ou d'une profession, ainsi que des conditions de réalisation de tous ses projets de carrière ;
- Considérer l'abandon d'un plan A vers la poursuite d'un plan B ou C comme un échec, un renoncement, une reconnaissance de ses limites, de ses faiblesses et de sa fragilité.

CHAPITRE 10

D'AUTRES VARIABLES POUVANT INFLUENCER LA PRISE DE DÉCISION DE CARRIÈRE

Dans ce livre, nous avons choisi de retenir le modèle d'action décisionnelle, ainsi que les dimensions de prise de décision de carrière comme cadre conceptuel. Par conséquent, nous avons mis de côté plusieurs autres variables pouvant intervenir dans un processus de prise de décision de carrière chez les jeunes. Ce chapitre présente certaines d'entre elles de manière sommaire, donc non exhaustive.

MOTIVATION AU TRAVAIL ET SATISFACTION DES BESOINS

Lorsqu'il est question d'étude de la motivation, celle-ci se décline habituellement en trois grands types : l'amotivation, la motivation intrinsèque et la motivation extrinsèque[118]. La majorité des travaux suggère que plus une personne mène des actions fondées sur une motivation intrinsèque (ex. : intérêts, valeurs, besoins), plus importante sera sa satisfaction à long terme quant à ses besoins et ses projets. À l'inverse, plus les actions sont fondées sur des motivations extrinsèques (ex. : sécurité, argent, prestige, désir de plaire aux autres), moindre sera la satisfaction quant aux besoins à long

118. Ryan et Deci (2000).

terme. Cela est d'autant plus vrai lorsque la personne est amotivée, c'est-à-dire sans motivation.

Si les motivations extrinsèques sont légitimes et peuvent avoir leur place dans un processus de prise de décision de carrière, les connaissances relatives à la satisfaction des besoins suggèrent qu'il est primordial que les motivations intrinsèques soient présentes et dominent l'action de la personne[119]. Une étude[120] menée auprès de 3 300 travailleurs de 9 pays et sur 4 continents a permis de confirmer la présence de 3 besoins sous-jacents aux motivations individuelles:

- **L'autonomie** peut être définie comme le besoin de se déterminer par soi-même et de contrôler librement ses pensées et ses actions de manière indépendante. C'est le cas particulier de certains jeunes aux profils authentiques, rationnels, spontanés et engagés qui se reconnaissent la responsabilité et la capacité d'agir de manière autonome sur le processus de prise de décision de carrière.
- **La compétence** peut être définie comme l'intégration de savoirs, de savoir-faire et de savoir-être permettant à la personne de se sentir efficace et apte à réaliser certaines tâches de différents niveaux de difficulté. Entre autres, la compétence à décider d'une carrière repose sur la capacité de la personne à opérer la définition proposée à cet égard au chapitre 1, soit: action de **choisir**, parmi différentes **option**, ce qui convient le mieux pour atteindre ses **objectifs** personnels, scolaires, professionnels et autres, et ce, à partir d'**opérations** multiples et complémentaires portées sur des **informations** en regard de **contextes** et de **dispositions** de la personne.
- **L'affiliation** concerne le besoin de se sentir lié et soutenu par ses proches (famille, amis et autres personnes significatives) et plus largement au sein d'un environnement social donné (valeurs, normes, culture, etc.). Pour un jeune en situation de prise de décision de carrière, le besoin d'affiliation peut être comblé par les différents types de soutien (informations, conseils, encouragements, rétroactions, aide directe) dont il peut profiter lors de périodes plus difficiles de doute et d'indécision, ainsi que par le fait de pouvoir librement faire sa place dans la société à travers l'exercice d'une profession de son choix.

À travers la présentation des profils de prise de décision de carrière et des besoins de soutien en termes d'interventions pour les parents et les professionnels de l'orientation, il a été possible de constater l'importance de soutenir la motivation des jeunes en regard du développement de leur autonomie et de leurs compétences, ainsi que de la reconnaissance de l'affiliation dans leurs démarches. Enfin, tout au long de la vie, jeunes et adultes cherchent à satisfaire des besoins particuliers de différente nature

119. Cournoyer (2016b).
120. Gagné, Forest, Vansteenkiste, Crevier-Braud, Van den Broeck, Aspeli *et al.* (2015).

afin d'améliorer leur qualité de vie et de s'approcher de leur propre notion de bonheur[121] :

- Le bienêtre matériel (revenus, biens) ;
- La sécurité (quiétude financière, familiale et résidentielle) ;
- L'état de santé (présence, absence et quantité de problèmes ou de troubles) ;
- La productivité (activités de travail, éducation, loisirs) ;
- L'intimité (contacts avec des amis proches, soutien et disponibilité) ;
- La place au sein de sa communauté (appréciation des autres, engagement, rôle de conseil, de référence ou de modèle pour autrui) ;
- Le bienêtre émotionnel (occasions de faire et d'obtenir ce que l'on souhaite, expérience du plaisir).

Dans un contexte de processus de prise de décision de carrière, il importe d'inviter le jeune, le plus souvent possible, à lier toute forme de pensée positive ou négative entretenue à l'endroit d'un programme d'études, d'une profession ou d'un projet de carrière en regard des besoins et des motivations qui sous-tendent celui-ci. Plus la personne est consciente de ses besoins et de ses motivations, plus elle est en mesure d'assurer et d'assumer ses actions de vie.

CONFIANCE ET SENTIMENT D'EFFICACITÉ

Trois concepts-clés peuvent servir de repères intéressants à la conduite d'un processus de prise de décision de carrière[122], soit :

- Le sentiment d'efficacité personnelle ;
- Les conséquences prévues ;
- Les buts.

Le **sentiment d'efficacité personnelle (SEP)** peut se traduire comme étant la faculté de l'individu à effectuer une tâche. Il se fait une opinion personnelle de ses capacités en se basant sur ses expériences antérieures, qui peuvent être de l'ordre d'une performance ou d'un échec, sur les modèles rencontrés, sur les réactions émotives ressenties, etc. En fait, ce jugement se modifie continuellement, car tout évènement de sa vie contribue à construire (ou à déconstruire) son sentiment d'efficacité personnelle.

Les **conséquences prévues** à l'action choisie impliquent qu'à la suite d'une expérience de vie, s'il a plus de facilité que d'autres dans un certain domaine, il va peut-être choisir d'étudier dans celui-ci, car il se sent en mesure de réussir. On dit alors qu'il fait un modelage de ses attentes par rapport à son choix. Les croyances personnelles relatives aux conséquences

121. Veenhoven (2016).
122. Lent, Hackett et Brown (1999).

de comportements particuliers[123] ont une influence notable sur les activités que les personnes choisissent de réaliser ou d'éviter, et ce, à partir de leurs propres actions et observations d'autrui (tableau 12).

TABLEAU 12. Sentiment d'efficacité personnelle et attentes de résultats

		ATTENTES DE RÉSULTATS	
		Élevées	**Faibles**
SEP	**Fort**	Engagement positif, aspirations de vie et de satisfaction personnelle élevées	Revendication, reproche, révolte, révision des choix
	Faible	Dévalorisation de soi et découragement	Apathie, résignation

Les **buts** sont des activités spécifiques dans lesquelles un individu s'engage afin de s'orienter vers un objectif ou un idéal. Il fera en sorte que ses actions le mènent à atteindre les résultats espérés[124].

Lorsqu'on prend en compte le concept de sentiment d'efficacité personnelle dans la compréhension ou l'accompagnement en contexte de prise de décision de carrière[125], il faut considérer quatre principes importants :

1. Les croyances, notamment en regard de son efficacité personnelle, renforcent ou diminuent les modes de pensées plus ou moins optimistes ou pessimistes. Par exemple, un jeune se disant doué pour faire rire les autres pourrait considérer l'idée de faire carrière dans ce domaine.
2. L'efficacité que l'on perçoit de soi influence les buts que l'on se fixe, ainsi que la manière dont nous jugeons et expliquons nos succès ou nos échecs. Ainsi, si un jeune se perçoit comme doué en humour, il pourrait tenter d'être admis à l'école nationale de l'humour. S'il réussit, il pourra déduire que l'on a reconnu son talent. Sinon, il pourrait invoquer que le processus de sélection est inadéquat.
3. Posséder une autoévaluation favorable sur le plan de l'efficacité personnelle participe activement au maintien du bienêtre affectif et à la réduction du stress, ce qui s'avère passablement important pour garder un focus ajusté sur soi en contexte de prise de décision de carrière. Exemple : « Je ressens une certaine nervosité avant mon audition, mais comme je suis confiant, je suis certain que ça ira bien. »
4. Plus le sentiment d'efficacité personnelle est élevé, plus fortes sont les manifestations et les tendances à choisir des activités permettant de relever des défis et de développer de nouveaux savoirs, de nouvelles compétences. Par exemple : « En attendant mon audition, j'ai décidé

123. Lent (2008).
124. Lent, Brown et Hackett (1999).
125. Brewer (2008).

de m'inscrire à des activités parascolaires pour m'habituer à performer en public (théâtre, animation du gala de fin d'année, etc.). »

Il importe de ne pas confondre le sentiment d'efficacité personnelle avec un trait de personnalité[126]. L'auto-efficacité personnelle se développe et se régule tout au long de la vie à partir de quatre catégories d'expériences[127] :

- Maitrise personnelle (succès antérieurs) ;
- Apprentissage social (observation de sa performance et de celle de pairs possédant suffisamment de caractéristiques communes) ;
- Persuasion par autrui (soutien d'autrui) ;
- État physiologique et émotionnel.

Par exemple : « Je fais toujours rire tout le monde quand je fais des exposés oraux (maitrise personnelle). Également, lorsque je regarde la performance d'un humoriste, j'observe tout ce qu'il fait pour créer l'effet voulu (apprentissage social). Je ne suis pas seul à croire que j'ai du talent. Même dans les moments où j'ai pu offrir des performances moins satisfaisantes, mon entourage a toujours su trouver les bons mots, les bons exemples, pour me rappeler pourquoi je serais un bon humoriste (persuasion verbale). Enfin, j'ai passé dernièrement une audition importante pour un spectacle amateur. Je suis très satisfait de ma performance. J'étais confiant et c'est dû en partie au fait que j'avais super bien dormi la veille (état physiologique et émotionnel). »

À titre de parent ou de professionnel de l'orientation, il importe de se rappeler l'importance de soutenir le développement du sentiment d'efficacité personnel (SEP) des jeunes. Sans cette confiance de réussir bien pensée, ressentie et expérimentée, beaucoup de projets personnels peuvent demeurer sans suite.

CHANGEMENT ET RÉSISTANCE

Changer c'est transformer ses façons d'être, de faire ou de voir en osant se provoquer, se déranger, se confronter[128]. À l'approche d'un changement, les résistances montent aux barricades ! Résister au changement est humainement normal et sain, car cela permet de mieux gérer, de s'ajuster, de se préserver et de se protéger face à un déséquilibre[129]. Lorsqu'un jeune s'engage consciemment et réalistement dans un processus de prise de décision de carrière, où il part à la recherche de ce qui pourrait le mieux lui convenir, ce processus l'entraine souvent, sinon tout le temps, dans des espaces d'incertitudes. À ce moment, il faut qu'il sache se retrancher vers qui il est vraiment, mais il faut aussi qu'il prenne conscience que ce « qu'il est vraiment »

126. Blanchard (2008).
127. Nota, Soresi et Ferrari (2008).
128. Cournoyer (2016d).
129. Morin (2008).

demeure incertain, plus ou moins inconnu, à clarifier, à valider. Donc, un processus de prise de décision de carrière est à plus ou moins grande échelle un processus de changement !

Il est souhaitable que le jeune connaisse et comprenne bien les écueils possibles à des résistances, notamment lorsqu'il est question de passer à l'action dans ses réflexions et ses démarches de prise de décision de carrière. Cela ne se résume pas à une stricte question de volonté, mais davantage à l'ouverture, à l'acceptation et à la mobilisation de lui-même malgré tout ce qui peut lui donner le gout de renoncer, de se replier, de procrastiner, de fuir.

Les résistances au changement peuvent constituer la principale entrave à la réalisation d'un processus de prise de décision de carrière. À cet égard, il ne faut pas voir là un problème, mais au contraire, une occasion de permettre à la personne de se libérer d'attitudes et de compétences non constructives au profit d'une vie plus autonome et confiante. Nous vous proposons un modèle de changement en six phases[130 131], utilisé pour différentes situations de résolution de problèmes humains, appliqué ici au processus de prise de décision de carrière.

- **Phase 1 – Précontemplation** : reconnaitre la présence d'un problème, en accepter la responsabilité, avouer la nécessité de le modifier et manifester l'ouverture de confronter ses mécanismes de défense et ses habitudes à cet égard.
- **Phase 2 – Contemplation** : choisir entre agir vers un bonheur incertain et se maintenir dans un malheur connu. Évaluer les avantages et les désavantages liés au problème, les options envisageables, l'engagement dans de premiers pas, etc.
- **Phase 3 – Préparation** : reconnaitre et établir des objectifs et des indicateurs de changement à travers un plan d'action plus ou moins clair et déterminé.
- **Phase 4 – Action** : réviser ses pensées, ses croyances, ses attitudes et les actions menées tant sur soi que sur son environnement. Vivre ses premières expériences en l'absence d'un contexte antérieur auquel se référer et s'engager à en vivre de nouvelles.
- **Phase 5 – Maintien** : faire l'expérience de la réussite, préserver et stabiliser ses acquis à plus long terme, prévenir les rechutes en anticipant les obstacles et leurs symptômes (croyances, émotions, etc.).
- **Phase 6 – Conclusion** : intégrer une nouvelle expérience, transformer ses comportements, échafauder de nouveaux comportements, cognitions et modes de gestion émotionnelle.

130. Prochaska et DiClemente (1983).
131. Prochaska, Norcross et DiClemente (2013).

Tout changement, pour se réaliser, doit être tolérable. Il importe, comme parent ou professionnel de l'orientation, d'accompagner le jeune à petite dose, à petits pas, dans sa démarche de changement. Changer demande parfois du courage. Et le courage n'est pas l'absence de peurs, de doutes ou d'incertitudes, mais bien la capacité d'accepter ces émotions et de les porter dans la quête d'une vie plus satisfaisante[132].

▸▸ TRANSITIONS ET ESSAIS IDENTITAIRES

Les changements de la vie, dont ceux impliqués par des prises de décision de carrière, entrainent inévitablement un lot de transitions et de transformations scolaires, personnelles et sociales, ainsi que des expériences d'incertitude, d'indécision et d'appréhensions face à l'avenir[133 134 135]. Les transitions peuvent être examinées en tant qu'évènement ou absence d'évènement amenant des changements dans nos relations, comportements, croyances et rôles de vie, dans notre perception face à nous-mêmes et au monde extérieur[136].

En filigrane de toute prise de décision de carrière impliquant un passage interordre (des études secondaires aux études collégiales ou du cégep à l'université), il y a l'appréhension d'un nouvel univers, inconnu, porteur autant d'espoirs que d'inquiétudes ou d'angoisses. Cela influence la manière dont une personne traite son regard sur elle-même en interaction avec cet autre univers d'exigences et d'attentes à son endroit. Transiter d'un ordre d'enseignement à un autre, c'est gérer une panoplie de nouveautés, et ce, toutes au même moment[137]. C'est souvent se sentir plus petit, plus anonyme, dans des établissements de plus en plus gros! C'est un rythme d'apprentissage plus rapide, avec des collègues plus performants aux études, un calendrier par trimestre plutôt que par année, des travaux à remettre plus rapidement, etc.

En contrepartie, le contenu des cours, même dans les programmes généraux, est plus orienté vers nos intérêts (si cela intéresse la personne, bien sûr!) qu'au cycle d'études précédent. Enfin, si plusieurs doivent laisser des amis et parfois leur famille derrière, cette étape est souvent l'occasion de découvrir de nouvelles personnes, choisies en regard de qui ils sont, ici et maintenant dans leur vie.

Transiter d'un ordre d'enseignement à l'autre, c'est s'ouvrir à de nouveaux mondes, à des expériences et à des relations scolaires, sociales et professionnelles (puisque l'on travaille à temps partiel dans la majorité des cas) de plus en plus nombreuses, variées dans leurs caractéristiques et changeantes[138]. Si

132. Cournoyer (2017e).
133. Berthoz (2013).
134. Gati, Amir et Landman (2010).
135. Gati, Krausz et Osipow (1996).
136. Schlossberg (1981).
137. Cournoyer (2017a).
138. Bourdon, Cournoyer et Charbonneau (2012).

la personne est ouverte à cette opportunité de nouvelles rencontres, si parfois l'expérience de sociabilité au précédent cycle d'études était limitée, insatisfaisante, voire dans certains cas humiliante, c'est en plein ici l'occasion de réaliser un « essai identitaire »[139] (Cournoyer, 2008).

L'essai identitaire consiste à pouvoir être vu de manière différente par de nouvelles personnes qui, par défaut, ne connaissent rien de notre passé, qui nous jugent, nous représentent, nous associent à ce qui se passe là, maintenant, ensemble, dans cette nouvelle expérience. La personne à qui la société (tribale) des études secondaires avait fourni des attributs sociaux négatifs, non constructifs sur le plan développemental, voilà maintenant que le nouveau groupe d'amis la voit de manière nettement plus positive, ce qui en retour l'amène à se voir, elle aussi, différente, mieux, plus légère, plus ambitieuse ! À noter qu'autant l'essai identitaire peut s'avérer positif et constructif, autant il peut être, sous d'autres conditions, négatif, difficile, destructif.

Les périodes de transitions personnelles, scolaires et professionnelles sont généralement des expériences intenses à vivre, car elles déséquilibrent nos habitudes et nos repères. À titre de parent ou de professionnel de l'orientation, il importe de bien entendre les jeunes sur leurs expériences, que ce soit à travers leurs propos ou leurs silences. S'il importe de poursuivre des études qui répondent à leurs besoins et à leurs intérêts, il importe tout autant que cela puisse se réaliser dans des conditions permettant à la personne de bien gérer l'expérience transitoire.

139. Cournoyer (2008).

CONCLUSION

L'objectif principal de ce livre était de présenter sept profils de prise de décision de carrière chez les jeunes afin que les parents et les professionnels de l'orientation puissent mieux saisir leurs caractéristiques et leur façon de procéder pour intervenir de manière efficace, en regard de leurs compétences distinctives, mais complémentaires. Pour ce faire, différentes connaissances d'ordre théorique et empirique sur les enjeux relatifs à la prise de décision de carrière à l'adolescence ont été exposées. Ensuite, une grille d'évaluation a été proposée afin de soutenir les parents et les professionnels de l'orientation dans l'identification du profil de leur enfant ou de leurs clients.

POURQUOI AVOIR ÉCRIT CE LIVRE ?

Les raisons sont nombreuses. En voici quelques-unes.

Mieux distinguer les processus décisionnels des jeunes pour mieux les aider

En matière d'orientation, les jeunes ne peuvent simplement se distinguer et s'évaluer selon qu'ils soient décidés ou indécis en regard de leur avenir professionnel. En proposant sept profils de prise de décision de carrière, nous voulions présenter comment ces différences sur le plan des caractéristiques, des façons de procéder et des besoins d'aide peuvent appeler à des interventions spécifiques auprès des jeunes.

Aider les parents... à aider leur enfant !

Il existe un écart important entre l'intérêt et les préoccupations des parents à l'égard de l'orientation de leur enfant. Quelques ouvrages sont disponibles sur le marché pour aider les parents à mieux comprendre les étapes et les enjeux guidant une prise de décision de carrière de leur enfant. Si certains s'attardent à décrire l'expérience pouvant être vécue à l'adolescence en regard des préoccupations d'avenir, rares sont ceux qui offrent des moyens concrets afin d'entrer efficacement en relation selon les caractéristiques des jeunes, ainsi que des stratégies d'intervention spécifiques pour aider ces derniers dans leur processus de prise de décision de carrière.

Proposer des interventions ludiques et pratiques, appuyées par la recherche

Ce livre propose aux professionnels de l'orientation un cadre et des outils d'intervention pratiques pour mieux évaluer la situation des jeunes qu'ils rencontrent en relation avec l'état de leur processus de prise de décision de carrière. Sans minimiser l'intérêt de fournir à ces professionnels des outils ludiques et ajustés à une expérience d'intervention motivante et agréable pour les jeunes, nous trouvons important qu'ils puissent agir à partir d'un cadre appuyé sur des données de recherche scientifique.

Reconnaitre la primauté d'une bonne communication interpersonnelle

Ce n'est pas parce que l'on apporte du soutien que l'on est nécessairement soutenant. De même, ce n'est pas parce qu'un parent ou un professionnel de l'orientation souhaite aider un jeune que ce dernier va automatiquement se laisser aider à n'importe quelles conditions. Nous aurions pu strictement décrire les profils et proposer des stratégies d'intervention sous la forme d'activités pouvant être réalisées par les parents ou les professionnels de l'orientation auprès des jeunes, selon leur profil. Toutefois, à quoi servent les meilleures interventions au monde lorsque l'on n'arrive pas préalablement à entrer en relation de confiance avec la personne que l'on souhaite aider ? C'est pourquoi chaque profil de prise de décision abordé dans ce livre propose des moyens pour faciliter l'entrée en relation avec un jeune selon ses caractéristiques et ses besoins relationnels.

Établir qu'une carrière, ça ne se trouve pas. Ça se construit, ensemble !

Comment reconnaitre que nous sommes face au programme d'études ou à la profession pour laquelle nous sommes prêts à nous engager pour la vie, du moins à faire un bout de chemin ensemble ? Si nous ne savons pas qui nous sommes et ce que nous voulons, si nous n'engageons pas de réflexions ni de démarches nous confrontant et nous aidant à mieux nous comprendre en interaction avec le monde (scolaire, professionnel), comment savoir que nous prenons une bonne décision ? Mieux se connaitre facilite grandement notre capacité à évaluer la pertinence des différentes options de carrière pouvant se présenter de manière soudaine et imprévue. Il en va de même pour les parents et les professionnels de l'orientation qui veulent soutenir les jeunes à « construire ensemble » un projet de carrière qui répond le mieux possible à leurs intérêts, leurs valeurs, leurs compétences et aux conditions de vie qu'ils recherchent. Les jeunes, les parents et les professionnels de l'orientation possèdent tous des connaissances, des expériences et des compétences spécifiques lorsque vient le temps de savoir comment accompagner un processus de prise de décision de carrière. Ces perspectives ne doivent pas être en concurrence les unes avec les autres, mais être considérées comme complémentaires et nécessaires pour optimiser la qualité du travail pouvant être conduit auprès de jeunes.

LISTE DE RÉFÉRENCES

Assemblée nationale du Québec (2009), *Projet de loi 21. Loi modifiant le Code des professions et d'autres dispositions législatives dans le domaine de la santé mentale et des relations humaines*, Québec, Assemblée nationale du Québec.

Austin, K., Dahl, D. et Wagner, B.D. (2010), «The roles of negative career thinking and sense of coherence in predicting career decision status», *The Canadian journal of counseling, 44*(1), 65-77.

Beck, A. T. (1979), *Cognitive therapy of depression*, New York, Guilford Press.

Bellin, Z. (2013), «Meaning through being: Reclaiming the wholeness of personal meaning», *Journal of humanistic counseling, 52*(2), 208-222.

Béret, P. (2002), «Projets professionnels et emplois ultérieurs: une analyse des mécanismes de l'insertion professionnelle», *L'Orientation scolaire et professionnelle, 31*(2), 179-194.

Berthoz, A. (2013), *La décision*, Paris, Odiles Jacob.

Bidart, C. et Lavenu, D. (2005), «Evolutions of personal networks and life events», *Social networks, 27*(4), 359-376.

Blanchard, S. (2008), «Introduction: sentiments d'efficacité personnelle et orientation scolaire et professionnelle», *L'orientation scolaire et professionnelle, 37*(1), 5-27.

Blesson, P. (2001), «Étude des rapports entre projet et décision», *L'Orientation scolaire et professionnelle, 30* (hors-série), 228-233.

Borgen, F. H. et Barnett, D. C. (1987), «Applying cluster analysis in counseling psychology research», *Journal of Counseling Psychology, 34*(4), 456.

Bourdon, S., Charbonneau, J., Cournoyer, L. et Lapostolle, L. (2011), *Famille, réseaux et persévérance au collégial. Phase 2: Rapport de recherche,* Sherbrooke, Université de Sherbrooke.

Bourdon, S., Cournoyer, L. et Charbonneau, J. (2012), « Le soutien de l'environnement social lors du passage au postsecondaire », dans P. Curchod, P.-A. Doudin et L. Lafortune (dir.), *Les transitions à l'école,* Montréal, Presses de l'Université du Québec.

Bourdon, S., Cournoyer, L., Lapostolle, L., Létourneau, T. et Charbonneau, J. (2009), *Réussir ensemble. Quête d'autonomie et besoin de soutien, au coeur de l'entrée au cégep. Dépliant d'information destiné aux parents,* Sherbrooke, Équipe de recherche sur les transitions et l'apprentissage (ÉRTA), Université de Sherbrooke. Document récupéré de http://www.erta.ca/fr/node/292

Boutinet, J.-P. (2004), *Psychologie de conduites à projet,* Paris, Presses universitaires de France.

Boutinet, J.-P. (2005), *Anthropologie du projet,* Paris, Presses universitaires de France.

Brewer, S. S. (2008), « Rencontre avec Albert Bandura : l'homme et le scientifique », *L'orientation scolaire et professionnelle, 37*(1), 29-56.

Bronfenbrenner, U. (1977), « Toward an Experimental Theory of Human Development », *American Psychologist, 32*(7), 513-531.

Bronfenbrenner, U. (1986), « Ecology of the Family as a Context for Human Development : Research Perspectives », *Developmental Psychology, 22*(6), 723-742.

Charpentier, J., Collin, B. et Scheurer, E. (1993), *De l'orientation au projet de l'élève,* Paris, Hachette Éducation.

Cohen-Scali, V. et Guichard, J. (2008), « L'identité : perspectives développementales », *L'orientation scolaire et professionnelle, 37*(3) 321-345.

Collectif Savoirs et rapport au savoir (2003), *Autobiographie de Carl Rogers. Lectures plurielles,* Direction de Jacky Beillerot et Michel Gault, Paris, L'Harmattan.

Conseil permanent de la jeunesse (1992), *Une « cure de jeunesse » pour l'enseignement collégial,* Québec, Conseil permanent de la jeunesse.

Conseil supérieur de l'éducation (2002), *Au collégial : l'orientation au cœur de la réussite,* Québec, Conseil supérieur de l'éducation.

Coslin, P. (2012), *Psychologie de l'adolescent,* Paris, Armand Colin.

Cournoyer, L. (2008), *L'évolution de la construction du projet professionnel de collégiennes et de collégiens lors des 18 premiers mois d'études collégiales : le rôle des relations sociales,* Thèse de doctorat, Sherbrooke, Université de Sherbrooke. Récupéré de http://savoirs.usherbrooke.ca/handle/11143/937

Cournoyer, L. (2009), « Entre relations sociales et projet professionnel : la force des liens », Le *Bulletin OrientAction,* printemps 2009, 1-2. Récupéré de http://orientaction.ca/2012/11/entre-relations-sociales-et-projet-professionnel-la-force-des-liens/

Cournoyer, L. (2011), « Le rôle des relations sociales sur l'évolution des projets professionnels », dans S. Bourdon et J. Charbonneau (dir.), *Regard sur... les jeunes et leurs relations,* (p. 141-156), Québec, Presses de l'Université Laval.

Cournoyer, L. (2014), « Career counselling in Quebec : Its evolution and future outlook », dans B. Sheppard et S. Mani (Eds.), *Career development practice in Canada : Perspectives, principles, and professionalism,* (p. 35-54), Ottawa, Canadian Education and Research Institute for Counselling.

Cournoyer, L. (2015), « Le sens, moteur d'une action éclairée ! », *Magazine Monemploi.com* Récupéré de http://www.monemploi.com/magazines/le-sens-moteur-d-une-action-eclairee

Cournoyer, L. (2016a), « Au cœur d'une motivation de carrière mobilisée et assumée », *Magazine Monemploi.com.* Récupéré de http://www.monemploi.com/magazines/au-coeur-d-une-motivation-de-carriere-mobilisee-etassumee

Cournoyer, L. (2016b), « Le pouvoir — temporaire, contextuel et limité — des motivations extrinsèques », *Magazine Monemploi.com* Récupéré de http://www.monemploi.com/magazines/au-coeur-d-une-motivation-de-carriere-mobilisee-et-assumee

Cournoyer, L. (2016c), « Trois façons de travailler votre orientation », *Magazine Monemploi.com* Récupéré de http://www.monemploi.com/magazines/trois-facons-de-travailler-votre-orientation

Cournoyer, L. (2016d), « Prêt à changer ! Vraiment ? », *Magazine Monemploi.com* Récupéré de http://www.monemploi.com/magazines/pret-a-changer-vraiment

Cournoyer, L. (2017a), « Bien transiter ; du secondaire au collégial, du collégial à l'université », *Magazine Monemploi.com* Document récupéré de http://www.monemploi.com/magazines/de-la-connaissance-a-la-metacognition-progresser-dans-sa-prise-de-decision-de-carriere

Cournoyer, L. (2017b), *Des stratégies d'intervention de toutes les couleurs,* communication réalisée dans le cadre du Congrès annuel 2017 de l'Association pour le développement de carrière, Fredericton, N.-B., Canada, 20 novembre 2017.

Cournoyer, L. (2017c), *Inspirer le sens orientant! Quelques leçons de vie personnelle et professionnelle,* conférence d'ouverture du congrès annuel 2017 de l'Association du Nouveau-Brunswick pour le développement de carrière, Fredericton, N.-B., Canada, 20 novembre 2017.

Cournoyer, L. (2017d), *L'anxiété (dé)orientante! Orientation pour tous!* Récupéré de http://www.orientationpourtous.co/recherches-pratiques/lanxiete-deorientante/

Cournoyer, L. (2017e), *What Is a "Good" Career Decision?* Keynote, Congrès Cannexus, Ottawa.

Cournoyer, L. et Lachance, L. (2014), *Le processus de prise de décision relative à la carrière chez des élèves de la quatrième et de la cinquième secondaire de la Commission scolaire de Laval. Rapport de recherche,* Montréal, Université du Québec à Montréal. Récupéré de https://fr.slideshare.net/louisco/cournoyer-et-lachance-2014-le-processus-de-prise-de-dcision-relative-la-carrire-final

Cournoyer, L., Desrosiers, É., Morasse, V. et Legault, G. (2013), *Les schémas d'adaptation de Young appliqués au counseling de carrière.* Document inédit, Montréal, Université du Québec à Montréal. Récupéré de: https://fr.slideshare.net/louisco/cournoyer-desrosiers-morasse-et-legault-2013-schmas-et-counseling-de-carrire

Cournoyer, L. et Deschenaux, F. (2017), « Decision-making rationales among Quebec VET student aged 25 and older », *International Journal for Research in Vocational Education and Training (IJRVET), 4*(3), 226-248.

Cournoyer, L., Fortier, S. et Deschenaux, F. (2016), « Dimensions traversant le processus décisionnel conduisant à la poursuite d'études en formation professionnelle au Québec et en Ontario: entre expériences passées et espoirs salvateurs », *L'orientation scolaire et professionnelle, 45*(4), 449-472.

Cournoyer, L., Lachance, L. et Samson, A. (2016), « L'action décisionnelle de carrière: processus en deux dimensions, quatre tensions », dans J. Masdonati, M. Bangali et Louis Cournoyer (dir.), *Éducation et vie au travail: Arrêt sur image! Perspectives contemporaines sur les parcours d'orientation des jeunes,* (pp.119-148), Québec, Presses de l'Université Laval.

Cournoyer, L., Morasse, V., Droniou, K., Oligny, C. et Desrosiers, É. (2013), *Les compétences relationnelles en counseling de carrière. Fiches pédagogiques.* Document inédit, Montréal, Université du Québec à Montréal. Récupéré de https://fr.slideshare.net/louisco/cournoyer-desrosiers-morasse-et-legault-2013-schmas-et-counseling-de-carrire

Creswell, J. W. (2009), « Editorial: mapping the field of mixed methods research », *Journal of Mixed Methods research, 3*(2), 95-108.

Crosnoe, R. (2000), « Friendships in Childhood and Adolescence: The Life Course and New Directions », *Social Psychology Quarterly, 63*(4), 377-391.

Egan, G. (2005), *Communication dans la relation d'aide* (2e édition), Montréal, Beauchemin.

Elder, G. H. (1998), «The life course and human development», in R. M. Lerner (dir.), *Handbook of child psychology. Volume 1 : Theoretical models of human development,* (p. 939-991), New York (NY), Wiley and Sons.

Elder, G. H. et Johnson, M. K. (2000), «The Life Course and Aging: Challenges, Lessons, and New Directions», in R. A. Settersten Jr. (dir.), *Invitation to the Life Course: Toward New Understandings of Later Life,* (p. 49-81), Amityville (NY), Baywood Publishing Company, Inc.

Ellis, A. et Harper, R.A. (2010), *La thérapie émotivo-rationnelle,* Le Touvet, France, Éditions Ambre.

Fédération des cégeps (1999), *La réussite et la diplomation au collégial. Des chiffres et des engagements,* Montréal, Fédération des cégeps.

Forner, Y. (2001), «À propos de l'indécision», *Carriérologie, 8*(2), 213-231.

Gagné, M., Forest, J., Vansteenkiste, M., Crevier-Braud, L., Van den Broeck, A., Aspeli, A. K. *et al.* (2015), «The multidimensional work motivation scale: Validation evidence in seven languages and nine countries», *European Journal of Work and Organizational Psychology, 24*(2), 178-196.

Gati, I. (1986), «Making Career Decisions: A Sequential Elimination Approach», *Journal of Counseling Psychology, 33*(4), 408-417.

Gati, I. et Amir, T. (2010), «Applying a systemic procedure to locate career decision-making difficulties», *The Career Development Quarterly, 58*(4), 301-320.

Gati, I., Amir, T. et Landman, S. (2010), «Career counsellor's perceptions of the severity of career decision-making difficulties», *British journal of guidance & counselling, 38*(4), 393-408.

Gati, I., Krausz, M. et Osipow, S. H. (1996), «A taxonomy of difficulties in career decision-making», *Journal of Counseling Psychology, 43*(4), 510-526.

Gati, I., Landman, S., Davidovitch, S., Asulin-Peretz, L. et Gadassi, R. (2010), «From career decision-making styles to career decision-making profiles: A multidimensional approach», *Journal of Vocational Behavior, 76*(2), 277-291.

Germeijs, V. et De Boeck, P. (2003), «Career indecision: Three factors from decision theory», *Journal of Vocational Behavior, 62*(1), 11-25.

Giordano, P. (2003), «Relationships in Adolescence», *Annual Review of Sociology, 29*(1), 257-281.

Granovetter, M. (1973), «The Strength of Weak Ties», *American Journal of Sociology, 78*(6), 1360-1380.

Granovetter, M. (1983), «The Strength of Weak Ties: A Network Theory Revisited», *Sociological Theory, 1*, 201-233.

Hodgkinson, G. P., Langan-Fox, J. et Sadler-Smith, E. (2008), «Intuition: A fundamental bridging construct in the behavioral sciences», *British Journal of Psychology, 99*(1), 1-27.

Holland, J. L. (1959), «A theory of vocational choice», *Journal of Counseling Psychology, 6*(1), 35-45.

Johnson, R. B., Onwuegbuzie, A. J. et Turner, L. A. (2007), «Toward a definition of mixed methods research», *Journal of Mixed Methods Research, 1*(2), 112-133.

Lacoste, S., Esparbès-Pistre, S., et Tap, P. (2005). L'orientation scolaire et professionnelle comme source de stress chez les collégiens et les lycéens. *L'orientation scolaire et professionnelle, 34*(3), 295-322.

Lalive d'Épinay, C. avec la collaboration de Bickel, J. F., Cavalli, S. et Spini, D. (2005), «De l'étude des personnes âgées au paradigme du parcours de vie», dans D. Mercure (dir.), *L'analyse du social: les modes d'explication,* (p. 141-167), Québec, Les Presses de l'Université de Laval.

Lannegrand-Willems, L. (2008), «La question de la construction identitaire à l'adolescence à deux paliers de l'orientation: la troisième et la terminale», *L'orientation scolaire et professionnelle, 37*(4), 527-544.

Lent, R. (2008), «Une conception sociale cognitive de l'orientation scolaire et professionnelle: considérations théoriques et pratiques», *L'orientation scolaire et professionnelle, 37*(1), 57-90.

Lent, R. W., Hackett, G. et Brown, S. D. (1999), «A social cognitive view of school-to-work transition», *The Career Development Quarterly, 47*(4), 297-311.

Little, B. R., Chambers, N. C. et Barbeau, I. T. (2000), «Analyse des projets personnels: Un cadre intégratif pour la psychologie clinique et le counselling», *Revue québécoise de psychologie, 21*(2), 153-189.

Martinot, D. (2001), «Connaissance de soi et estime de soi: ingrédients pour la réussite scolaire», *Revue des sciences de l'éducation, 27*(3), 483-502.

Michaud, G. (2006), «Développer la compétence à s'orienter par le transfert des apprentissages en counseling d'orientation», *Carriérologie, 10*(3-4), 629-647.

Modecki, K. L., Zimmer-Gembeck, M. J. et Guerra, N. (2017), «Emotion regulation, coping, and decision-making: three linked skills for preventing externalizing problems in adolescence», *Child Development*, 88(2), 417-426.

Morin, E.M. (2008), «Un sens au travail?», *Objectif Prévention, 31*(2), 10-14.

Nota, L., Soresi, S. et Ferrari, L. (2008), « Premier principe : je crois en moi... parce que c'est aussi dans mon intérêt : une formation pour renforcer les sentiments d'efficacité », *L'orientation scolaire et professionnelle, 37*(1), 113-134.

O'Hanlon, W.-H. et Weiner-Davis, M. (1995), L'orientation vers les solutions. Une approche nouvelle en psychothérapie, Bruxelles, Satas.

Ordre des conseillers et des conseillères d'orientation du Québec (2010), *Guide d'évaluation en orientation,* Montréal, OCCOQ. Récupéré de http://orientation.qc.ca/files/Le-Guide-d%E2%80%99%C3%A9valuation-en-orientation.pdf

Ordre des conseillers et des conseillères d'orientation du Québec (2013), *Guide de pratique Orientation en formation générale des jeunes,* Montréal, OCCOQ. Récupéré de http://orientation.qc.ca/files/Guide_OCCOQ_OFGJ_250214.pdf

Orwell, G. (1945), *Animal Farm. A Fairy Story,* Londres, Secker and Warburg.

Padesky, C. A. (1994*), « Schema change processes in cognitive therapy », Clinical Psychology & Psychotherapy, 1*(5), 267-278.

Paillé, P. et Muchielli, A. (2012), *L'analyse qualitative en sciences humaines et sociales*, Paris, Armand Colin.

Pascal, B. (2015), La *thérapie des schémas. Principes et outils pratiques*, Paris, Elsevier Masson.

Patton, W. et McMahon, M. (1999), *Career development and systems theory : A new relationship,* Pacific Grove (CA), Brooks/Cole Publishing Company.

Peavy, V. (1997), *SocioDynamic Counselling : A Constructivist Perspective,* Victoria, Canada,Trafford.

Pelletier, D., Noiseux, G. et Bujold, C. (1974), *Développement vocationnel et croissance personnelle : approche opératoire,* Mac Graw-Hill.

Peterson, G. W., Sampson, J. P., Reardon, R. C. et Lenz, J. G. (1996), « A cognitive information processing approach to career problem solving and decision-making », in D. Brown, L. Brooks et collaborateurs (dir.), *Career choice and development,* (3e éd., p. 423-475), San Francisco (CA), Jossey-Bass.

Prochaska, J. O. et DiClemente, C. C. (1983), « Stages and processes of Self-change of smoking : Toward an integrative model of change », *Journal of Consulting and Clinical Psychology, 51*(3), 390-395.

Prochaska, J. O., Norcross, J. C. et DiClemente, C. C. (2013), « Applying the stages of change », *Psychotherapy in Australia, 19*(2), 10-15.

Reardon, R. C., Lenz, J. G., Sampson, J. P., Jr. et Peterson, G. W. (2011), « Big questions facing vocational psychology : A cognitive information processing perspective », *Journal of Career Assessment, 19*(3), 240-250.

Ryan, R. M. et Deci, E. L. (2000), « Self-determination theory and the facilitation of intrinsic motivation, social development, and well-being », *American Psychologist, 55*(1), 68-78.

Saka, N. et Gati, I. (2007), « Emotional and personality-related aspects of persistent career decision-making difficulties », *Journal of Vocational Behavior, 71*(3), 340-358.

Saka, N., Gati, I. et Kelly, K. R. (2008), « Emotional and personality-related aspects of career-decision-making difficulties », *Journal of Career Assessment, 16*(4), 403-424.

Schlossberg, N. K. (1981), « A model for analyzing human adaptation to transition », *The counseling psychologist, 9*(2), 2-18.

Shanahan, M. et Elder, G. H. (2002), « History, Agency and the Life Course », in J. Crockett (dir.), *Agency, Motivation and the Life course,* (p. 145-186), Philadelphie (PA), Pennsylvania State University.

Statistiques Canada (2015), *Tendances liées au choix de carrière des jeunes Canadiens et les études postsecondaires qui lui sont associées.* Feuillet d'information : Indicateurs de l'éducation au Canada, Ottawa, Gouvernement du Canada. Récupéré de http://www.statcan.gc.ca/pub/81-599-x/81-599-x2015010-fra.pdf

Super, D. E. (1980) « A life-span, life-space approach to career development », *Journal of vocational behavior, 16*(3), 282-298.

Tibos, K. et Van Esbroeck, R. (2004), *Career choice development profile Questionnaire : An initial evaluation,* Quality Development in Vocational Counselling and Training : International Conference, tenue à Berne (Suisse) du 3 au 9 septembre 2003.

Université du Québec à Montréal (s.d.), *Futurs étudiants étrangers. Le système scolaire québécois.* Récupéré de https://etudier.uqam.ca/etudiants-etrangers/systeme-education-universitaire-quebecois

Veenhoven, R. (2016), « Quality of Life and Happiness. Concepts and Measures », in L. Bruni et P.L. Porta (dir.), *Handbook of research methods and applications on happiness and quality of life*, pp. 309-333, Cheltenham, Angleterre, Edward Elgar Publishing Limited.

Young, J. E., Weishaar, M. E. et Klosko, J. S. (2017), La *thérapie des schémas : approche cognitive des troubles de la personnalité,* Bruxelles, De Boeck Supérieur.

RESSOURCES POUR LES PARENTS ET LES PROFESSIONNELS DE L'ORIENTATION

Les ressources suivantes sont destinées aux parents et aux professionnels de l'orientation du Québec.

▸▸ INFORMATION SCOLAIRE ET PROFESSIONNELLE

▸ Informations diversifiées sur les programmes d'études et les carrières

Academos
http://www.academos.qc.ca/

Clicfp
http://www.clicfp.qc.ca

InforouteFPT
https://www.inforoutefpt.org/

Ma formation en vidéo
http://maformationenvideo.ca/

MonEmploi.com
www.monemploi.com

Repères
https://www.reperes.qc.ca

Tout pour réussir.com
http://www.toutpourreussir.com/

Établissements et programmes d'études

Association des conseillers d'orientation du collégial
http://www.acoc.info

Cégep à distance
http://cegepadistance.ca/

Edu Sofad
http://edusofad.com/

Mon retour au cégep
http://www.monretouraucegep.com/

TELUQ
http://www.teluq.ca/

Universités Canada
https://www.univcan.ca/fr/

Université virtuelle canadienne
http://www.cvu-uvc.ca/englishFR.html

Professions et perspectives d'emploi

Classification nationale des professions (CNP)
http://noc.esdc.gc.ca/Francais/Debut.aspx

Comités sectoriels de main-d'oeuvre
https://www.cpmt.gouv.qc.ca/reseau-des-partenaires/comites-sectoriels.asp

Enquêtes Relance, rapports, études, recherches et répertoires.
http://www.education.gouv.qc.ca/references/indicateurs-et-statistiques/enseignement-superieur/enquetes-relance/

IMT en ligne
http://imt.emploiquebec.gouv.qc.ca/

Admission et aide financière aux études

Aide financière aux études
http://www.afe.gouv.qc.ca/

Bureau de la coopération interuniversitaire

- Cote de rendement au collégial: http://www.bci-qc.ca/etudiants/cote-r/
- Universités québécoises: http://www.bci-qc.ca/membres/

Centre d'information canadien sur les diplômes internationaux
https://www.cicdi.ca/

Service régional d'admission en formation professionnelle
http://www.srafp.com

Service régional d'admission au collégial du Montréal métropolitain (SRAM)
http://www.sram.qc.ca

Service régional d'admission au collégial de Québec (SRAQ)
http://www.sracq.qc.ca

Service régional d'admission au cégep du Saguenay/Lac-Saint-Jean (SRAS)
http://www.srasl.qc.ca

Études et séjours à l'étranger

Association Québec-France
https://www.quebecfrance.org/

Bureau canadien à l'éducation internationale
http://cbie.ca/

Cercle québécois des affaires internationales
http://www.lecercle.qc.ca

Ministère des Relations internationales
http://www.mri.gouv.qc.ca

Offices Jeunesse internationaux du Québec
http://www.lojiq.org

Québec sans frontières
http://www.mri.gouv.qc.ca/qsf

Programme de moniteurs de langues officielles Odyssée
http://www.mels.gouv.qc.ca/daic/programme/progmlqc.htm

INTERVENTION ET CONSEILS

Association québécoise d'information scolaire et professionnelle (AQISEP)
Approche orientante
http://www.aqisep.qc.ca/aqisep-colloque.html

Chaine YouTube – Louis Cournoyer
https://www.youtube.com/channel/UCUcRqnihX0NMMrU1rgLpHBw

Enio – Environnement numérique interactif d'orientation
https://www.enio.ca/

Espace virtuel pour les parents
http://www.choixavenir.ca/parents/

Guide de stratégies d'intervention orientantes
https://fr.slideshare.net/louisco/guide-de-stratgies-dintervention-orientantes-2014-3-ime-dition-32631301

Habiletés relationnelles en counseling de carrière (capsules vidéos)
http://www.orientationpourtous.co/intervention/enfin-des-capsules-video-sur-les-habiletes-relationnelles-en-counseling-de-carriere/

Les compétences relationnelles en counseling de carrière.
Fiches pédagogiques.
https://fr.slideshare.net/louisco/cournoyer-desrosiers-morasse-et-legault-2013-schmas-et-counseling-de-carrire

Magazine Monemploi.com
http://www.monemploi.com/magazines

Orientation pour tous!
http://www.orientationpourtous.co/

Répertoire PPO – Projet personnel d'orientation et exploration de la formation professionnelle
http://www.repertoireppo.qc.ca

Services d'orientation - Cabinets-conseils
https://www.orientation.qc.ca/repertoire-des-c-o-en-pratique-privee

Services d'orientation – Services publics
https://www.orientation.qc.ca/services-publics-dorientation

QUELQUES RESSOURCES EUROPÉENNES FRANCOPHONES

CIDJ.com
https://www.cidj.com/

Eduscol Education
http://eduscol.education.fr/

Éducation.gouv.fr
http://www.education.gouv.fr/

Erasmus
https://www.erasmusworld.org/

Euro Guidance France
https://www.euroguidance-france.org/

Les métiers.net
http://www.lesmetiers.net/orientation/accueil

ONISEP.fr
http://www.onisep.fr/

Orientation.fr
https://www.orientation.com/

Orientation.ch
https://orientation.ch/

Orientation pour tous.fr
https://www.orientation-pour-tous.fr/

Siep.be
http://www.siep.be/

Thot Cursus
http://cursus.edu/